*문제적 여자의
파란만장 멘탈 성장기*

다 큰 여자

글 그림 정새난슬

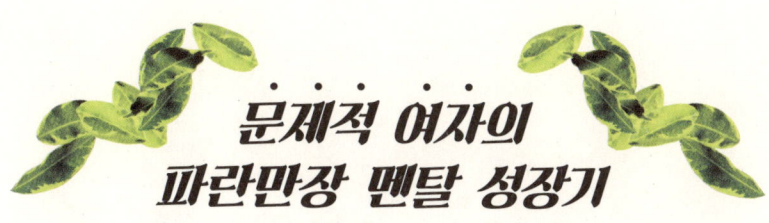

문제적 여자의
파란만장 멘탈 성장기

다 큰 여자

글 그림 정새난슬

콘텐츠하다

**문제적 여자의
파란만장 멘탈 성장기**

다 큰 여자

초판 1쇄 인쇄	2016년 5월 15일
초판 1쇄 발행	2016년 5월 25일

지은이	정새난슬
펴낸이	장한맘
펴낸곳	(주)콘텐츠하다
출판등록	제2015-000005호
주소	서울시 영등포구 선유로49길 23, 2차 IS비즈타워 613호
전화	070-8987-2949
홈페이지	www.contentsHADA.com
이메일	conhadada@gmail.com
마케팅	김명효, 박효진
디자인	김세진
홍보	김효원

* 잘못된 책은 바꾸어드립니다.
** 본 책의 내용에 대한 무단 전재 및 복제를 금합니다.

> 추천하는 글
> 그녀의 독백은 빛난다
> 눈이 부시도록, 그렇다

'나는 몸에 타투가 많다'는 말로 그녀의 글은 시작된다. 그리고 오롯이 자신의 삶에 타투처럼 새겨진 사랑과 결혼, 출산과 육아, 우울증과 자살 기도, 딸과 고양이, 일상과 친구, 자신의 이름과 마음, 노래와 예술에 관한 사색이 이어진다. 포장되거나 거창한 말은 단 한 줄도 나오지 않는다. 그러나 누구도 쓸 수 없는, 누구의 눈도 의식하지 않은 솔직한 문장들로 그녀의 독백은 빛이 난다. 눈이 부시도록, 그렇다.

무엇보다 눈부신 점은 죽음의 문턱까지 갔던 그녀가 발견한 새로운 '새난슬'이다. 지금의 내가 나의 전부가 아니란 사실, 이어진 삶에는 또 다른 나, 새로운 내가 지금의 나를 기다리고 있다는 사실을 그녀는 온몸으로 노래하고 그리고 쓰고 있다. 이 변화야말로 기울어진 세계에서 스스로를 지탱해온 모든 이들의 감춰진 권리이자 희망일 것이다. 되돌릴 수도 다시 젊어질 수도 없는 삶이지만…… 기억하자, 우리는 누구나 '새로워질' 수 있다. '너의 손 잡고서 함께 간다'는 말로 그녀의 글은 끝나지만 세상의 많은 '새난슬'들이 손 잡고 가는, 혹은 가야 할 새로운 길 위에 축복과 박수 소리가 쏟아지기를 기도한다.

소설가 박민규

PROLOGUE

이게 우리의 시작이에요

나는 몸에 타투가 많고, 나의 문화적 취향이 자랑스럽다. 개인의 다양성은 언제나 당연히 존중돼야 한다고 생각하며, 비주류적 취향을 품을 수 있는 사회가 더 아름답고 흥미로울 것이라 믿는다.

나는 등산복을 평소에도 입고 다니는 사람들을 도무지 이해할 수 없다. 샌들에 양말을 신는 것은 패션 테러다. 명품 로고가 크게 박힌 허리띠를 차는 남자를 보면 놀랍도록 시시하다고 혀를 찬다.

나는 개와 고양이를 끔찍이 사랑하며, 동물 학대에 분개하고, 모피와 루왁커피 등 비윤리적 소비를 지양한다. 인간이라는 종의 잔인성에 눈물 흘리며 괴로워한다.

나는 돼지비계가 동동 떠 있는 김치찌개에 환장하고, 스테이크는 블루레어로 먹어야 제맛이라고 침을 튀긴다. 오리고기가 몸에 좋다고 딸의 입에 밀어 넣으며 접시가 비어가는 것을 안타까워한다.

나는 페미니즘책을 읽고, 깨어 있는 여성으로 살아가겠다고 다짐한다. 나를 단죄했던 자기검열과 모성신화를 밀어내고 나만의 인생을 일궈내고자 마음먹었다.

나는 은근히 엄마가 내 딸을 좀 더 봐줬으면 하고 바란다. 딸이 싫어하는 치마를 입히고 예쁘다며 물개 박수를 친다. 거울에 비친 내 모습에 한숨 쉬고, "이 속도로 늙으면 세상 그 어떤 남자가 날 거들떠보겠나!"라며 친구들에게 하소연한다.

딸이 내게 주는 기쁨은 너무나 경이로워 세상 그 무엇과도 바꿀 수 없다. 세월이 흐르면 전남편과 '쿨'한 친구 사이가 될 수 있을 것 같다. 딸의 미소를 보면 모든 후회가 사라진다.

나는 전남편이 SNS에 올린 클럽 파티 사진을 보고 내 젊은 날과 자유를 그리워하며 가슴을 친다. 박탈감에 이를 간다. 전남편이 차린 클럽이 쫄딱 망했으면 좋겠다고 간절히 기도하며 잠이 든다.

나는 죽을 때까지 창작자로 살고 싶다. 사회적 성취가 더디고 경제적으로 풍족하지 않더라도, 내 안에 차고 넘치는 이미지와 말을 세상에 쏟아부으며 축제 벌이듯 황홀하게 살고 싶다. 로또만 당첨되면 평생 아무것도 안 하고 싶다. 가족들과 여행이나 실컷 다닐 것이다. 향기로운 초와 고소한 버터를 열심히 사고 또 살 것이다. 반려묘와 행복한 낮잠을 자며 유유히 흐르는 시간을 만끽할 것이다.

나는 주변 사람들의 처지를 배려하려 노력한다. 좋은 관계를 유지하기 위해 최소한의 원칙들을 세우고, 이를 지키려 최선을 다한다.

나는…… 나는! 나는! 나는! 나밖에 모르는 바보다. 얼치기 나르시시스트이며, 내가 믿는 가치들이 다른 사람들의 것보다 우월하다는 착각에 빠질 때면 콧노래를 부르고, '난 솔직하니까'라며 막말을 일삼는다.

그렇다. 나는 모순으로 가득하다. 모순을 없애려 마음 깊은 곳의 더럽고 어려운 감정과 나쁜 생각을 자주 내다 버린다. 쉽지 않다. 사적인 분노와 편견, 이기심과 게으름이 나를 지배하는 날이 적지 않다. 자괴감에 젖어 내가 나를 때려눕히고 며칠씩 끙끙 앓기도 한다. 하지만 내가 나를 미워해서 얻어지는 것은 아무것도 없다. '스스로를 미워하고 단속했으니 난 어쩌면 좀 괜찮은 사람인 듯?' 내 문제점들을 객관적으로 파악했다는 쾌감에 몸을 떤다. 의외로 나쁘지 않은 인간인지도 모른다는 자아도취적 정신 승리는 아무 의미가 없다.

모순으로 얼룩진 삶에서 벗어나기 위해 나는 기록을 하기 시작했다. 그림을 그리고, 글을 쓰고, 노래를 만들었다. 재능이 대단해서 움직인 것이 아니다. 내가 나를 참지 못해 시작됐다. 롤러코스터를 타는 내 감정들을, 펄펄 끓다 차게 식기를 반복하는 욕망들을, 고통과 분노, 어이없는 농담과 순수한 삶의 기쁨을 적어 내려갔다.

글쓰기는 떠들기 좋아하는 내 천성에 맞는 좋은 습관이 됐고, 때로는 나쁜 버릇이 됐다. 무겁게 가라앉는다 싶다가도 금세 경박해지는 내 나쁜 성질의 저울을 수평으로 유지하려는 의도는 자주 실패하고 만다. 그러나 양극단을 오가는 기질이 내게 주어진 재능이라 믿고 살기로 했다. 수박 겉핥기로 심리학 분야 베스트셀러만 골라 읽은 뒤 내린 섣부른 결론이다. 건전한 매력은 없어도 불온한 마력이 넘치는 여자가 되자는 것이 내 인생 모토다.

하나의 정체성으로 규정될 수 없는 나. 끝날 기미가 보이지 않는, 문법이 파괴된 길고 거친 문장 같은 나. 불안하고 난폭한 욕망의 고삐를 잡고 제어하려 하지만 몇 번이고 놓치고 다치고 마는 나. 모든 일에 거듭 실패해 낙오자의 방에 갇혀서도 분주하게 서성거리며 노래하는 나. '다 큰 여자'란 커다란 테두리 안에서 성장하고 싶다고 발버둥 치는 나. 이 책은 그런 나에 관한 이야기다.

냉소적으로 말하자면, 자의식과잉 삼류 예술가의 사건사고 후일담. 나를 격려하는 차원에서 번드르르하게 말하자면, 자신이 통과한 삶과 욕망에 대해 솔직해지고자 한 여성이 적어 내려간 내면 일기다.

지금 이 책을 펼친 '당신'에게 미리 해둘 말이 있다.
(건방지지만 들어줘요.)

있잖아요. 나, 성공한 적 없어요.
여기에 성공 수필의 카타르시스는 없어요.
밝은 긍정론이 넘쳐나지 않으니
정신이 고양되는 기쁨도 누릴 수 없어요.
세련된 라이프스타일에 관한 조언이나
뇌에 멋진 주름을 만들어주는 교양, 지성도 없어요.
그런 수필의 덕목을 기대하시거들랑 당장 이 책을 덮으세요.
(덮지 마. 날 잊지 마.)

그러나 만약 어지러운 여자의 여물지 못한 문장에 엮여 함께 방황하고자 한다면 이 책을 읽어도 좋다. 나의 마력으로 우리는 연결되고, 내게 기록된 슬픔과 즐거움을 통해 당신만의 결론을 얻게 될 것이다. 가령 그것이 '어휴, 나는 이렇게 살지 말아야지'라는 생각일지라도 말이다.

살아 있는 책을 언제나 꿈꿔왔다. 내가 그러한 책이 되기를, 낫 놓고 낫을 못 알아보던 시절부터 염원했다. 종이가 된 나무들에게 약간 미안하지만, 내 말들이 나를 찢고 나와 세상에 당도해줘 조금 기쁘다. 그 기쁜 마음을 가족들과 친구들에게 나눠주고 감사를 표하고 싶다.

악재가 가득한 상황 속 아무도 나를 믿지 않을 때 "네 진심과 가능성을 믿어주지 않으면 뭐 어때?" 하고 격려해준 사람들, 참 고맙습니다.
엉망인데 뻔뻔해서 악을 쓰는 다 큰 여자의 이야기를 매만지고 손을 잡아준 사람들, 진정 고맙습니다.
끝으로 이 책을 읽는 데 귀중한 시간을 쓰기로 결정한 독자들, 고맙습니다.
어둠과 빛이 공평하게 나눠 가진 내 삶을 목격하고 난폭한 내 곁에 남아 있기로 결심한 당신들, 정말 사랑합니다.
수많은 모순들 껴안고 씩씩거리지만 나는 언제나 내가 좋은 사람이 되길, 사랑하는 사람들과 맺은 인연이 헛되지 않길, 그들에게 도움이 되는 순간이 오길 간절히 기원합니다.

좋은 말, 착한 마음 곱게 펼쳐봤으니 이제 본격적으로 민폐를 끼칠 시간이다.

나를 알고 싶다면 한 장만 더 넘겨봐요.
그게 우리의 시작이에요.

2016. 5.
정새난슬

차례

5 추천하는 글 6 PROLOGUE - 이게 우리의 시작이에요

Chapter 1
이혼이 뭐라고

16 나는 이혼한 여자다 23 그럼 할 수 있지, 내가 천 번 말해주지 28 세상 모든 노래 불러보자꾸나 36 엄마가 된다는 것 : 불안, 불평등, 거짓말, 외로움, 우울 50 이기적인 엄마 나쁜 엄마 56 아빠, 엄마, 서하 그리고 먼지 70 우리의 첫 크리스마스트리 78 나는 네게 아무것도 해준 게 없는데 88 소년아, 너는 상냥하고 다정한 그런 남자가 될 거야

Chapter 2
응석 부리지 마

94 나는 나와 결혼한다 104 새난슬, 최초의 정새난슬 112 문신이라니, 저래서 시집이나 가겠니 122 나의 타투까지 사랑해주는 사람들 130 나는 페미니스트가…… 139 전라도 출신의 일베 기타리스트에게 146 함께 살고 싶은 사람들

Chapter 3
사랑과 함께 어둠을 걷는다

156 서하에게, 네 아빠에 대하여 **166** 젊음, 코발트블루 **176** 너는 나를 사랑하지 않았어도 나는 너를 사랑했어 **184** 신혼집은 삼각형 모양이었다 **193** 너는 내가 사랑하는 여자를 죽이려 했어 **202** 우리는 왜 헤어졌을까

Chapter 4
노래와 미발표 욕망들

212 러브 피스 육아 뮤직, 응석부리지마레코드 이야기 **218** 아빠 정태춘과 엄마 박은옥 **222** 미발표 욕망들 **232** 아기가 되었다 **236** 클랩함 정션으로 가는 길 **244** 김쏘쿨 **248** 쉿 **252** 엄지 검지로 **254** 파인애플 **258** 빛 **260** 오직 당신 **264** 다 큰 여자 **268** 퍼키팻의 나날 **272** 오르막길

278 붙이는 글 - 딸에게

이혼이 부끄러운 이유는, 두 사람이 얼마나 미숙하고
이기적이었는지를 깨닫게 되기 때문이다. 그리고 이혼이
다행스러운 이유는 이제야, 비로소, 겨우, 그것을 알게
됐기 때문이다.

Chapter 1

이혼이 뭐라고

나는 이혼한 여자다

첫 디지털 EP를 발표한 나를 인터뷰하러 온 기자가 놀라움을 감추지 못한다. 자신이 상상한 모습과 아주 다르다는 것이다.

타이틀 곡 〈클랩함 정션으로 가는 길〉을 들으면 아주 조용하고 섬세한 여성이 떠오른다. 어떤 부분에서는 엄마의 음색이 느껴지기에, 아마도 정새난슬을 박은옥 같은 이미지의 여성이 아닐까 상상한 듯하다. 소탈하고 꾸밈없고 단정한 여자. 여기에 한창 활동하던 시기의 아빠 모습까지 더하면, 나는 화장기 없는 얼굴에 안경을 쓰고 개량 한복을 입고 있어야 한다. 그런데 웬걸, 손가락에까지 타투를 한, 당돌한 여자가 기자를 기다리고 있지 않은가!

"저 타투 많아요. 앨범 사진, 헤나 아니고 진짜예요."

직설적인 대답에 산만한 행동거지. 기자는 내리 웃었다. 그리고 솔직히 시인했다.

"저는 정태춘, 박은옥의 따님이 이런 모습일 거라고는 생각 못 했어요."

어쩌면 그녀가 놀란 것은 외모보다는 내 태도 때문이었을 것 같다.

"정말 씩씩하네요."
"네. 말도 엄청 많죠? 하하하."
"이혼했다고 걱정 안 해도 되겠어요."

"이혼, 생각보다 힘들지 않던데요."

농담인지 진담인지 스스로도 헷갈리는 말을 하면서도, 씩씩하다는 칭찬에 절로 힘이 솟는 기분이었다.

보도자료에도 이혼 사실을 밝혔는데, 그것 역시 놀라움의 일부가 아니었나 싶다. 다들 쉬쉬하는 이혼 사실까지 적다니, 정새난슬이란 여자는 당당한 건가, 뻔뻔한 건가.

"보통 결혼은 알려도 이혼은 잘 알리지 않는데 보도자료에 적혀 있어서 깜짝 놀랐어요. 이혼 사실을 밝힌 이유가 있나요?"

나는 왜 보도자료에 이혼 사실을 넣어야 한다고 했을까?
사실 나도 굳이 이혼에 대해 알려야 할지 많은 고민을…… 하지 않았다. 당연히 알려야지. 개인적인 일이기는 하지만, 이혼하지 않았다면 내 음악들이 발표되는 일은 아예 없었을 테니까. 그리고 처음 풀어놓은 나의 음원들은 결혼과 육아에 대한 이야기를 담고 있지 않은가. 내 삶에서 일어난 결정적 사건을 거론하지 않고 어떻게 내 음악을 이야기할 수 있을까.

마음을 추스르고 달래고 어르고 자백하듯 흘러나온 내 노래들이 탄생하는 데 있어 이혼은 결정적 역할을 했다.

사람들 말처럼 요즘 세상에 이혼이 어디 흠인가. 이혼은 사랑의 전쟁에서 처참하게 패배한 개인의 비극, 눈물겨운 가족의 해체다. 어떤 사유로 헤어졌냐에 따라 다르겠지만, 이혼은 위로받아야 하는 일이지 사회로부터 지탄받아야 하는 일이 결코 아니다. 아니, 이혼 자체가 고통스러운 경험이라는 것에 동의한다면, 그 과정을 뚫고 나온 사람에게는 위로가 아닌 박수를 보내야 한다. 사랑하던 사람에게 절망하고, 서로를 향한 맹세와 약속이 깨어지는 것을 목격하고 괴로워하다 마침내 '끝'을 인정하는 것은 얼마나 끔찍하고 슬픈 일인가. 결혼보다 더 어렵고 용기가 필요한 결정이었다.

관계의 죽음을 받아들이는 일, 파괴적인 순환과 관성에서 벗어나는 일, 무엇보다 '혼자'가 된다는 현실과 외로움을 받아들이는 일은 절대로 쉽지 않다. 어쩌면 그런 과정을 겪었기에 더욱 이혼 사실을 알리고 싶었는지도 모른다.

낭만적인 사랑에 성공했다는, 긍정적이고 아름다운 성취를 자랑하고 싶었던 날들이 있었다. 동시에 갖은 상처를 입고도 살아남았음을, 새 삶을 살아가기로 결정했음을 대견하게 여기고 자랑스러워하는 날들도 있어야 하지 않을까.

물론 내 생각에 동의하지 않고 눈살을 찌푸리는 사람들도 많다는 것을 안다. 그들은 경박하고 이기적인 여자가 할 말, 안 할 말 가리지 못하고 요란하다고 말한다. "이혼이 자랑이냐?" 하고 묻기도 한다.

나는 대답한다.

"네, 그럼요. 자랑이죠.
사랑을 알고 사랑에 절망하고 미워하고 떠나가고,
모든 계절을 겪고 이렇게 튼튼하게 지내는 게
나는 너무 자랑스러워요."

소위 '정치적으로 올바른' 부모 밑에서 어쩜 이렇게 특이한 캐릭터가 탄생했을까. 기자가 놀라지 않았다면 내가 더 놀랐을 것이다. 그녀가 호의적으로 당혹스러움을 표현하고 나를 흥미롭게 생각해줘 다행이었다. 만약 내가 기자였다 해도, 이혼에 대해 거리낌 없이 이야기하는 인터뷰이를 만난 것이 더 즐거웠을 것 같다.

법적으로 이혼이 성립되던 날, 나는 이혼을 기념하는 '짤'까지 만들어 페이스북에 올렸다.
무지개와 유니콘, 'JUST DIVORCED(저, 이제 막 이혼했어요)'.
'Just married(우리 막 결혼했어요)'를 확 뒤집어버렸다.
이혼한 나를 격려하며 만든 배경에 양팔을 벌린 채 살짝 미소 짓는 내 사진도 넣었다. 이 사진을 본 친구들은 "더 웃어" "엄청 즐거워하는 사진이어야 해" 하고 조언했다. 하지만 나는 그냥 어색한 미소의 나를 선택했다.
잘 이겨냈지만, 이제 시작이니까.

사람마다 이혼에 대한 생각이 다른 만큼 내 행동이 모두에게 받아들여질 거란 착각은 하지 않는다. 그래도 내가 먼저 이야기하고 속

이혼 기념 '짤'.
나는 그냥 어색한 미소의 나를 선택했다.
잘 이겨냈지만, 이제 시작이니까.

을 털어놓자, 어떤 위로를 건네야 할지 몰라 어려워하던 사람들의 불필요한 긴장감, 뻔한 위로가 사라졌다. 내 마음을 착하게 살피며, 새 삶에 대해 이야기하는 나와 진심 어린 대화를 나눴다. 친구들 앞에서 울고불고 신파극 여주인공처럼 행동하던 날들도 있었지만, 그런 날들은 이제 과거가 돼버렸다.

그러니까 기자가 이야기한 그 씩씩함은 원래 내가 갖고 있던 기질 중 하나가 아니라 이혼을 통해 얻은 깨달음, 주먹 쥐고 일어선 여자의 결단력이 준 선물인 것이다.

내 씩씩함, 과도한 솔직함에 대해 '그래도 끝까지 노력했어야지' 하고 충고하려는 사람이 있다면 묻고 싶다.
"그 끝은 뭐죠? 결혼생활이 공식적으로 끝나기도 전에 먼저 사랑하는 사람을 잃고, 끝내 나를 잃은 그 허허벌판에서 붙잡았어야 하는 끝과 노력은 뭐였을까요?"

이런 내게도 어려운 부분이 아주 없지는 않다.
"서하는 아빠가 없는데 잘 적응하나요?"
"아직 아빠를 잘 몰라요. 너무 어려서 함께 생활한 시절을 잊어버린 것 같아요."
인정하건대 서하가 더 나이가 많았다면 이혼은 훨씬 더 힘들었을 것이다. 아빠를 찾는 아이 앞에서 내 마음은 수도 없이 무너졌을 것이다. 이혼을 결정할 당시, 서하가 11개월 아기였기 때문에 나는 더 단호하게 이혼할 수 있었는지도 모른다.

"그럼 서하는 이제 아빠 안 만나나요?"
"아니요. 법적으로 면접권이 있으니까 만나야죠. 다른 가정하고 좀 다른 방식이긴 하지만, 서하는 아빠를 천천히 알게 될 거예요. 그리고 언젠가 우리 관계를 이해하는 날이 오겠죠."

'너를 잃는' 고통을 이겨낸 나.
'혼자'라는 불안감을 소화하는 나.
'새로운 형태의 가정'이라는 숙제를 풀어야 하는 나.

결혼과 마찬가지로 이혼 역시 관계의 끝이 아니다.
아직도 해결해야 할 감정들, 헤쳐나가야 할 문제들이 있다.
그러나 그런 것들이 두려워 숨어 울기만 했던 나보다는 지금 이 골치 아픈 내가 훨씬 씩씩하지 않은가.
기자의 이야기를 듣고 화장실에 간 나는 쫄쫄 방광을 비우며 혼자 소리 없이 웃었다.

"세상 그 누구보다도 나를 아끼고, 사랑하고,
모든 걸 이해하는 한 남자가 있어.
그런데 그 남자는 이미 다른 여자의 남편이야."
"그게 누군데?"
"우리 아빠."

친구의 농담을 듣고 빵 터졌다.
맞는 말이다.
남자들 입장에서도 마찬가지다. 세상 그 어떤 여자가 자신의 엄마처럼 알뜰살뜰 보살피고 조건 없는 사랑을 줄까. 그 어떤 배우자도 부모에게 받은 정서적, 경제적 안정감과 평온함을 줄 수 없다. 애초에 경쟁이 되지 않는다.
내가(혹은 그가) 지랄을 떨고 잠으로 하루를 보내고 빈둥거려도 품에 끌어안고 다독여주는 상대는 부모밖에 없다. 특히나 아빠와 유독 많은 대화를 나누고 거기서 힘을 얻는 나 같은 경우는 더 그렇다. 어쩌면 전남편의 말대로 나와 우리 가족은 한 세트다.

문득 실패한 결혼생활을 곰곰이 되짚어본다. 우리는 서로에게 무엇을 바랐던 걸까. 누가 더 부모로부터 독립적일까. 과연 그의 당당한 독립(?)은 어머니 혹은 스쳐 간 그녀'들'의 보살핌과 이해를 필요로 하지 않았을

> 그럼 할 수 있지,
> 내가 천 번 말해주지

까. 나의 의존은 아버지의 은혜로움, 그 깊이와 품을 감사하며 지속됐나.

우리는 진짜 우리를 사랑한다던 사람들을 착취하거나 소모한 역사가 없을까. 우리는 소위 '전진'하기 위해 누군가를 짓밟은 적이 없을까. 나의 계급성은 역겨우면서, 그의 마초적 발언과 경험은 늘 정당했나.

세상에서 제일 추한 것 중 하나, 바로 이혼하는 부부의 카톡이다.
살도 마음도 녹아든 친밀한 밤, 침대에 누워 지인들에 대한 험담, 사회적·정치적으로는 옳지 않지만 약간 자책하는 마음으로, 상대를 믿기에 쓰레기통에 버리듯 속삭인 모든 말들은 님 자에 도장이란 점을 찍어 남이 되는 순간, 인신공격을 위한 무기가 되고 비수가 된다.
만약 부부가 나눴던 이야기들로 피장파장, 서로 똥물 튀기고자 한다면 두 사람은 지인 모두와 절연하고 세상에 홀로 남겨질 것이다. 그러니 우아하고 세련되게 진흙탕 일으키지 않으려 마침표를 찍을 수밖에 없는 것이 이혼하는 부부의 마지막 남은 현명함인 것이다(인정한다. 우리는 현명하게 헤어지지 못했다).

이혼이 부끄러운 이유는, 두 사람이 얼마나 미숙하고 이기적이었는지를 깨닫게 되기 때문이다. 그리고 이혼이 다행스러운 이유는 이제야, 비로소, 겨우, 그것을 알게 됐기 때문이다.

증명하려던 모든 것이 사라진 지금,
몸을 낮춰 바닥에 굳은 고양이 똥을 닦아내다 잃어버린 물건 찾듯
내 안의 빛들이 반짝거리며 돌아오길 기다릴 뿐이다.

그러나 깨달음이 실천으로 이어지려면 좀 더 시간이 필요하다. 일방적인 의존을 '연대'와 '가족애'로 바꿔 부르는 뻔뻔함과 유연함도 죄스러우나 필수적이다.

서하는 아직 아기다. 각별하나 유별난(싸워도 괜찮아) 우리 가족이 차례로 쉬는 날을 정해놓고 돌보는 우리의 아이.

나는 이혼하고 나서야 부모님과 함께 제대로 된 공동육아와 가사분담을 하고 있다. 나의 깃발 역시 전남편의 깃발만큼 소중하기에 잠깐이라도 펄럭이는 순간을 지켜보기 위해, 나는 나의 보따리들을 포기하지 않는다. 끝없는 길을, 외로이 홀로 가지 않을 것이다.

내가 생각하는 '가족'은, 함께하자고 손잡은 이들은, 절대로 '우리는 도태돼야 해'라고 말하지 않는다.
아빠는 내 우울과 몽상을 '재능'이라 안아준다.
매일 나와 싸우는 엄마도 "너는 할 수 있다. 현관문 빨리 닫아라. 모기 들어온다"라고 잔소리한다.

내가 진짜 뭐든 할 수 있을까.
괜찮다고, 할 수 있다고, 계속 듣고 싶어.

많이 운 날.
아빠에게 응석 부리는 문자를 보냈다.
그리고 아빠가 답했다.

그럼 할 수 있지.
내가 천 번 말해주지.

나는 남편과 헤어졌지만, 다른 여자의 남편에게 이토록 사랑받고 있다. 비극 속에 놓여서야 제대로 삶을 바라볼 수 있게 되다니. 친구의 농담이 진담처럼 느껴지는 것은 축복에 가깝지 않은가.
장담할 것이 없는 인생. 가파른 길에 서서 불안한 눈으로 주변을 살피는데 누가 끊임없이 할 수 있다고 말해준다니. 대책 없는 응석을 받아주는 가족의 소중함을 느끼기에, 내가 더 단단해져 그들이 안심하도록 영차 기합을 넣어야 한다.

딱 백 번만 말해줘요.
얼른 튼튼해질게요.

세상 모든 노래 불러보자꾸나

이혼을 결정하고 친정으로 '낙향'했다. 서울에서 서울로, 고작 상수동에서 방이동으로 거처를 옮겼을 뿐인데, 나는 서하를 껴안고 먼 땅끝마을에라도 온 듯 서러운 기분이었다.

"엄마, 나 성공할게"라며 도시로 떠난 내가 갈기갈기 찢기고 허물어진 몸으로, 부끄러운 패배자의 얼굴로, 내 몸에서 난 새끼까지 업고 고향으로 도망 온 기분. 그리웠지만 결코 돌아오리라 생각하지 못한 그곳으로.

친정 마루에 앉아 서하 장난감을 정리하다가도 곧 이혼녀가 될 거란 불안감과 패배감이 엄습할 때면 심장이 조여들었다. 결혼이란 세속적인 절차에 따라 안정된 가정을 이룬 성인 남녀, 그 정상성에서 벗어나는 일에 그렇게 큰 고통이 따르리라곤 생각하지 못했다.

이미 다 끝난 관계란 것을 마음으로는 늘 알고 있었다. 하지만 너무 자주 서로에게 '이혼'이란 단어를 남발한 탓인지, 막상 현실로 닥치기 전까지는 느껴지지 않았던 감정들마저 수면 위로 떠올라 나를 괴롭혔다.

친정에서 제 아빠 없이 돌잔치를 치른 서하의 얼굴을 바라본다. 새콤달콤 귀여운 내 아이의 표정을 살피면서도 입안에서는 쓴맛이 느껴진다.

내 성급하고 이기적인 결정으로 서하가 받아 마땅한

'아빠의 사랑'을 빼앗은 것이 아닐까. 서하의 성장을 목격할 때마다 서로 눈 마주치며 웃고 함께 기뻐하지 않았던가. 서하와 내가 나란히 잠든 새벽, 뒤척거리다 눈을 떴을 때 전남편이 그런 우리를 바라보며 미소 짓지 않았나.
우리가 가족으로 살았던 날들, 다정한 기억의 조각들이 떠오를 때마다 통화를 하고 싶은 마음에 휴대전화를 바라봤다.

우리 다시 시작하자. 부질없는 말.
내가 바뀌도록 노력할게. 지켜지지 않을 약속.
돈이 없어도 우린 잘해낼 거야. 현실도피.
정말 사랑하고 있어. 천 번 소리쳐도 전해지지 않을 마음.
이미 몇 번이고 겪은 일,
지칠 대로 지쳤으면서도 다 알면서도.

나의 이혼으로 가장 큰 충격을 받은 사람은 엄마였다. 황폐해진 딸을 보는 것도 슬픔이었지만, 어린 손녀가 아빠 없이 자라리라고는 상상도 못 했던 것이다. 엄마가 눈시울을 붉힐 때마다 나는 유난스럽다는 듯이 고개를 젓곤 했다. 깔깔깔 웃는 서하 옆에서 엉엉엉 울고 싶은 내 마음을 솔직히 드러내면 이 상황이 더 힘들고 위태로워질 것 같았기 때문이다.

그럴 때에는 결혼생활을 짓눌렀던 문제, 다툼의 보따리를 펼쳐놓고 하염없이 바라봤다. 서로를 길들이고 통제하려 했던, 남편이 타인보다 더 타인 같던 날들.
'자존심 센 두 사람이 늘 싸우는 모습을 보여주는 게 서하에게 좋았을 리 없지……'
아픈 과거를 헤집어 내린 정직한 결론이 내 유일한 위안이었다.

결혼 전에는 애인들과 이별할 때 대중가요만 귓가에 맴돌았다. 사람들이 흔히 말하듯 모든 이별 노래가 내 이야기였다.
그러나 이혼은 달랐다. 이별 노래는 마음에 하나도 와 닿지 않았다. '청춘 남녀가 헤어졌다더라' 하는 유행가를 들을 때면 괜히 더 심술궂은 얼굴로 "만남이 있으니 헤어짐도 있지. 왜들 그러서" 하고 구시렁거렸다.

진짜 나를 슬프게 만드는 노래들은 나와 그의 이별을 연상시키는 대중가요가 아니었다. 서하와 서하 아빠의 이별을 떠올리게 만드는, '아빠'란 단어가 들어간 모든 동요였다.
울적함을 달래려고 동네 서점에 가서 산 동요집. 버튼을 누를 때마다 노래가 자동으로 나오는 책이었다. 새 책을 받아 든 서하는 신기한 듯이 버튼을 누르고 노래가 나오면 어깨춤을 췄다. 첫 동요는 〈곰 세 마리〉.

곰 세 마리가 한집에 있어.
아빠 곰, 엄마 곰, 아기 곰.

서하가 엉덩이까지 들썩들썩하는데, 그 모습을 보는 내 눈에 눈물이 잔뜩 고였다. 그래도 참아야 했다. 엄마, 아빠 앞에서 울었다간 나 자신의 선택을 부정하는 것처럼 보일 테니. 울지 말자 하고 먹먹하게 서하를 바라보는데 그다음 동요는 〈뽀뽀뽀〉다.

아빠가 출근할 때 뽀뽀뽀.

또 아빠. 대체 저 책에 실린 노래는 왜 전부 아빠 타령인가. 〈짝짜꿍〉도 마찬가지였다. 그냥 엄마 앞에서만 짝짜꿍하면 안 되나. 평소에 아무 생각 없이 들었던 노래들에 얼마나 많은 아빠가 등장하는지 제대로 실감했다.
아빠를 부르는 노래가 연이어 나와서 마음 아파하다가 갑자기 눈물 대신 웃음이 터졌다. '아빠'가 금지어도 아닌데 우리 가족 사이에 도는 이 긴장감은 무엇이며, 왜 함께 침묵하는가. "서하 춤 잘 추네" 하고 칭찬하다가도, 노래를 따라 불러주다가도 왜 '아빠'란 단어에 입을 다물고 말까.
서하가 계속 '아빠'가 나오는 동요를 고르는 것도, 우리가 미묘하게 경직돼 슬퍼하는 것도 전부 블랙코미디 같아 결국 하하하하하하.
나와 마찬가지로 서하 곁에 앉아 눈물을 참던 엄마에게, 춤추는 서하에게, 나는 소리쳤다.
"아빠, 아빠, 아빠."
그리고 덧붙였다.

곰 세 마리가 한집에 있어.
아빠 곰, 엄마 곰, 아기 곰…….

"서하 아빠 있어. 살아 있잖아. 하하하하."

이혼해서 자주 보지 못하더라도, 당장은 자신의 감정을 추스르지 못해 서하에게 무관심하더라도, 어쨌든 서하 아빠는 지구별에! 한반도에! 멀쩡하게 숨 쉬며 살아 있지 않은가. 서하가 '아빠'란 단어를 말하기 어렵거나 불편하게 여겨서는 안 되지 않겠는가.
게다가 나도 아직 아버지를 아버지가 아닌 "아빠, 아빠" 하고 출랑거리며 부른다. 그런데 갑자기 '아빠'가 집에서 입 밖에 내기 힘든 단어가 된다면 나는 어떻게 한단 말인가.
나는 더더욱 크게 노래를 따라 불렀고, 그 노래를 듣던 '나의 아빠' 역시 어쩔 수 없다는 듯 허허 웃었다.

"늘 오늘 같겠니? 내일이 다르고, 모레가 다르고, 서하 아빠도 자식이 그리울 테지."
맞는 말이었다. 이혼을 결정하고, '이제 끝!'이란 도장을 '꽉!' 찍어 서류를 접수하고, 숙려기간 동안 조금씩 떠나보내며 익숙해지면 되는 것이다.

평평 울다가도 다시 하하 웃을 수 있다면
나는 이혼에 성공할 수 있으리라.

'아빠'란 단어가 슬픔에서 벗어나라며 저렇게 "아빠! 아빠!" 하고 쉴 새 없이 흘러나오지 않는가.

딸, 내 딸. 동요에 맞춰 씰룩씰룩 제법 엉덩이를 흔들며 춤을 추는 딸. 나는 가라앉지 않으려고 '엄마'란 단어에 힘을 실어 더 큰 소리로 따라 불렀다.

각자 다른 곳에 있긴 하지만, 아빠도 엄마도 네 곁에 있으니까 안심해, 서하야. 외할아버지와 외할머니, 나와 너, 다 함께 세상의 모든 노래들 불러보자꾸나.

엄마가 된다는 것
:: 불안, 불평등, 거짓말, 외로움, 우울

나는 누구인가.

아이를 낳고 나서 질문을 던졌다.
모두들 "너는 이제 엄마"라고 했다.
남들에게는 정답이지만, 내게는 오답처럼 들렸다. 한 문장으로 마치지 못하는 복잡한 서술형 주관식. 단답형으로 정의될 수 없는 나라는 인간의 정체가 '엄마'라는 단어에 빨려 들어가 납작하게 색을 잃었다.
사람들이 앞다퉈 일러준 단어에 당황한 나는 너무도 완벽히, 나 자신과 내가 걷던 길 모두를 잃어버렸다. 불행의 징조가 보란 듯이 일상과 마음 곳곳에 큰 깃발을 펄럭였지만, 그때마다 못 본 척하거나 애써 무시했다. 깃발에 쓰인 글귀도 읽지 못했다.

첫 번째 깃발 : 너는 불안하다

2014년 봄, 서하를 낳았다.
"내 몸에서 인간이 나오다니 믿을 수 없어."
나지막이 중얼거리며 딸의 작은 손과 발을 만지작거렸다.
처음 딸을 만났을 때의 감동, 추상적이던 딸의 존재가 눈앞에 나타났을 때의 놀라움은 말로 표현할 수 없을 만큼 컸다. 제왕절개수술을 받고 입원한 사흘 동안, 찢어진 배의 통증을 참으며 딸 얼굴을 들여다볼 때마다 내가 뭔가 대단한 것을 성취했다는 기분마저 들었다. 전남편은 서하를 안고서 엘비스 프레슬리의 노래를 흥얼거렸고, 나는 미국식 가족주의 영화에 나오는 주인공처럼 흐뭇한 표정을 지었다.
인생에서 원하던 모든 것을 얻었다는 듯이 '가족밖에 난 몰라'.

그러나 한편으로는 불안감이 커져가고 있었다. 이렇게 작고 여린 인간을 어떻게 키우지!
인터넷카페, 육아책, 주변 사람들의 충고……. 육아 지식은 늘 손에 닿는 데 있는 듯했지만, 정작 나 자신이 어떤 식으로 아이를 키워야 할지는 전혀 감이 오지 않았다.
곤히 잠든 서하의 뺨을 어루만지고, 어설픈 자세로 안아 수유를 하면서도 내 품에서 느껴지는 이 작은 아이가 앞으로 나와 어떤 관계를 맺으며 살아갈지, 어떤 엄마가 돼야 하는지 전혀 알 수 없었다. 앞길이 막막했다.

아주 작고 귀여운 생명. 혼자서는 아무것도 해결할 수 없는 의존적인 존재. 대소변을 보고, 우유를 먹고, 앙앙 울고, 성장하기 위해 전심전력하는 아기.
다른 사람의 도움 없이는 살아남을 수 없는 생명을 책임져야 한다는 막대한 부담감이 엄습할 때면 나는 태어나자마자 걷는다는 짐승들을 생각하며 부러워하기도 했다.
인간이란 얼마나 나약한 존재인가.
나 같은 엄마에게 모든 걸 맡긴 서하는 과연 잘 자라날 수 있을까.

두 번째 깃발 : 너는 불공평하다고 느낀다

그렇게 확신이라곤 없는 상태로 산후조리를 끝내고 집으로 돌아갔다. 그토록 돌아가고 싶어 한 상수동 집에서 나를 기다린 것은 임신 전의 삶이 아니었다. 결혼과 임신 전에는 몰랐던 여성으로서의 삶이, 새로운 장르의 전쟁이 시작됐다.

새로운 친구 삼숙이. 뭐든 다 자기에게 넣고 삶으라는 삼숙이.

큰 냄비에 든 젖병들을 건져내며 좁은 부엌에 서 있자면 신나는 더운 여름의 오후도, 내 인생도 나 모르게 어디론가 줄줄 새어 사라지는 느낌이었다. 미혼 친구들에게 설명 못 할 고립감과 외로움이 땀처럼 온몸에 흐르는 듯했다.

남편과 함께 서하를 돌보고자 공동육아책까지 샀는데, 출산 전 계획과 달리 가사와 육아 모두 내가 책임지고 있는 듯한 억울함이 가시지 않았다. 그는 밖에 나가 밴드 합주를 하며 사회생활을 하는데, 나는 내 시간을 전혀 가질 수가 없었다. 작게 흩어져 있는 자유시간조차 온전히 내 것이 되지 못했다. 서하에게 필요한 물건들을 검색하거나 아이 뺨에 난 뾰루지를 바라보며 걱정에 빠져들었다.

지속적으로! 강박적으로!
엄마로서의 자격을 의심할 뿐이었다.

전남편이 음악 하는 모습에 반했고 또 밴드 활동을 지속하길 바라면서도, 합주 마치고 멤버들과 함께 밥을 먹고 온다는 이야기를 들으면 머리끝까지 화가 났다. 내 인생을 갓 태어난 아기와 전남편에게 도둑맞은 기분. 차마 표현하지 못하는 날 선 질투심과 분노는, 내가 그런 감정들을 느끼는 여자라는 것에 대한 자괴감으로 이어졌다.

인간이란 얼마나 나약한가. 나 같은 엄마에게 모든 걸 맡긴 서하는 과연 잘 자랄까.

남편이나 나나 제도와 관습에 매이지 않겠다던 '자유로운' 영혼들이라 아이 때문에 꼼짝없이 집에 갇힌 상황이 견디기 힘들었다. 그나마 남편은 집 근처에 친구들이 많아 쓸쓸할 일이 없었는지 모르지만, 내 친구들은 전부 멀리 살거나 결혼하지 않은 직장인들뿐이어서 그 어떤 공감도 구할 수 없었다. 곁에 있는 사람이라곤 남편뿐이었다.

아이가 생기면 더욱 돈독해질 줄 알았던 부부의 사랑과 유대감도 점점 사라져갔다. 내가 이상적으로 생각한 삶은 현실에 존재하지 않았다. 집 안에 도는 아슬아슬하고도 빳빳한 긴장감. 전남편과의 거리감. 이 사람은 나를 이해하지 못하는구나. 고독하구나. 아무것도 한 일이 없는데 아이를 키우다 주저앉게 생겼다는 무력감까지 합세해 나는 몹시 우울했다.

"솔직히 내 친구들 부인들처럼 너도 집에서 살림하면서
서하만 돌봤으면 좋겠다고 가끔 생각해."

"집안일을 왜 네가 더 많이 하냐고?
나는 그렇게 자랐는걸. 당연한 줄 알았지."

"아이를 키우면서 네가 원하던 일들까지 할 순 없어.
너는 너무 많은 걸 원해."

결혼하기 전까지 눈치채지 못했던 전남편의 가부장적인 면모, 어쩌면 지극히 한국 남자다운 평범한 하소연이 나를 절망감에 빠뜨렸다. 손에 물 한 방울 안 묻히게 하겠다는 허황된 약속은 한 적 없지만, 내가 끊임없이 창작하는 삶을 살았으

내 인생을 훔쳐 간 아이와 전남편에 대한 분노, 이는 곧 그런 감정을 느낀 여자란 자괴감으로 이어졌다.

면 좋겠다고 이야기해준 사람이었다.

우리의 결합은 다른 사람들이 가정이라고 부르는 형태를 갖기에 감정적으로나 경제적으로 안정적이지 않았지만, 그래도 기질이 같은 만큼 우리만의 삶을 살 수 있다고 믿었었다.

그와 내가 뻔한 결혼생활의 갈등과 고초를 겪지 않으리란 확신, 그가 전형적인 한국 남자의 사고방식을 내게 강요하지 않으리란 착각은 그렇게 천천히 무너져 내렸다.

'당신이 당연한 듯이 누리고 성취하는 모든 것들을 똑같이 원할 뿐이야.'
나의 분노는 이기적인 여자의 공허한 발악이 돼 내 목을 조를 뿐이었다.

세 번째 깃발 : 너는 거짓말을 하고 있다

창작인 둘이 결혼해서 좋아하는 문화를 즐기고 새로운 일들을 계획하며 살아가겠다던 결혼의 환상은 처참하게 찢겨 나가고 있었지만, 내게도 자존심이란 게 있는지라 주변 사람들에게 이런 우울과 현실을 이야기하지 않았다.

잠든 딸을 보고 있으면 귀여워서 빨아 먹고 싶을 정도였지만, 육아 전쟁을 치르느라 분주한 내 일상은 피곤한 와중에도 공허하게 느껴졌다. 그제야 이해가 갔다. 왜 엄마들이 SNS에 자식 사진들을 올리는지.

매일 정신없고 힘든 가운데 '오늘 내가 성취한 게 뭘까?' 하고 생각하면…… 아무것도 없다. 휴대전화에 가득한 아이 사진뿐이다. 내가 먹이고 씻기고 놀아주고 같이 성장하느라 바쁜 내 아이의 사진.

나도 '우리 애가 이렇게 잘 자라고 있다'를 시작했다. 외로우면 외로울수록, 우울

당신이 당연하게 누리는 걸 똑같이 원할 뿐이야.

하면 우울할수록 페이스북이나 인스타그램에 '행복한 가족사진'을 올렸다. 우리가 공동육아를 하고 있다는 글을 적었다. 가정을 유지하면서도 공연장에 가고 파티까지 즐기고 있는 것처럼 보이는 사진만 골라 올렸다.
편집된 인생, 그런 허구를 직조하는 것 외에 다른 낙이 존재하지 않는 것 같았다. 공개된 나의 삶은 그 누구의 삶보다 생생하고 아름다웠다. 가면을 쓴 삶. 솔직하지 못한 나. 다 상관없었다. 그런 식으로라도 현실엔 없는 행복을 맛볼 수 있다면, 우울함에서 1센티미터라도 멀어질 수 있다면, 내가 묻힐 무덤이라 할지라도 열심히 파고 싶었다.

네 번째 깃발 : 너는 끔찍하게 외롭다

마음을 쏟아놓을 데가 필요할 때면 엄마들이 모여 있는 인터넷카페를 기웃거렸다. 주로 산후우울증, 부부 불화를 토로하는 글을 찬찬히 읽으며 '나는 아직 이 정도는 아니잖아' 하고 남의 불행으로 나를 위로했다.
하지만 아기를 낳은 지 얼마 되지 않은 여자의 글을 읽었을 때 나는 온 마음과 몸으로 엉엉 울어버리고 말았다.

남편 따라 이사한 지방의 작은 동네.
백일도 되지 않은 아이를 돌보며 남편의 전화만 기다리는 그녀는 외출이 하고 싶을 때면 그저 창밖만 바라본다. 파리한 얼굴만큼만 창을 열고 창틀에 턱을 얹고. 지나가리라, 지나가리라. 아이는 자라고 봄이 오리라. 깔깔대며 거리를 활보하는 여자의 인생이 언젠가 다시 돌아오리라.

가면을 쓴 삶이라도 상관없었다.
그렇게라도 현실엔 없는 행복을 맛보고 싶었다.

아이를 낳고 집 안에 갇힌 채 '나는 누구인가' 하고 우울함을 호소하는 그녀들은 어디에나 있었다. 나와 그녀들은 철저히 혼자였으나, 우울함을 느낄 때는 함께였으며 같은 노래를 흥얼거렸다.
침몰하는 여자. 누가 말이라도 걸어주길 기다리며 휴대전화를 손에 쥔 채 꼬박꼬박 조는 아이에게 젖을 물리는 여자. 생활의 소음, 아이의 웃음소리와 울음소리 속에서 사람들이 그리운 여자. 다시 창문을 조금 열고 그 틈으로 얼굴을 넣는 여자. 친정에 서하를 맡기고 모처럼 자유부인이 됐다고 거들먹거리며 홍대를 걷고 외식을 하고, 그렇게 육아에서 벗어난 시간을 만끽하려 해도 자꾸 떠오르는 창틈의 얼굴. 한편으로 치워도 내 몫으로 돌아오던 아픔.

다섯 번째 깃발 : 너는 우울증을 앓고 있다

평소 신경중적이고 섬세한 작가들의 글을 좋아했기에 내게 찾아올 우울은 예술적 감수성이 뚝뚝 떨어지는 한 편의 시 같을 줄 알았다. 그러나 정작 맞닥뜨린 우울은 괴담, B급 호러물의 이미지로 가득한 고립된 세계였다.
나는 공포영화 〈링〉에 나오는 우물 안 사다코 같았다. 깊은 우물 안에 갇혀 손가락으로 돌벽을 긁고 또 긁으며 점점 시커먼 존재로, 내가 아닌 무언가에 잠식당한 사다코. "살려줘요." 들리지 않는 외마디 비명을 지른다.

원래 결혼은 이상이 깨어지는 것을 견디고, 함께 성장하는 것이라고 알고 있었다. 현실이 제 모습을 드러내더라도 낙담하지 말아야 한다고 생각했다. 하지만 출산과 육아는 내가 상상한 어려움, 내가 다루고 견딜 수 있을 거라고 생각한 테두리 바깥까지 몸집을 키우며 나를 괴롭혔다.

끊임없는 의문과 불안, 분노 그리고 새로 생겨난 문제들이 나를 궁지로 내몰았다. 모든 깃발들을 무시하고 악을 쓰며 나아가기만을 바랐지만, 사실은 전혀 나아가지 못하는 상태였다. 제자리에서 빙글빙글 돌다 끝내 주저앉고 말았을 때 겨우 여섯 번째 깃발이 눈에 들어왔다. 펄럭이는 여섯 번째 깃발에는 '너는 완벽히 모든 것을 잃어버렸다'라고 적혀 있었다.

'창작자로서도 아내로서도
엄마로서도 딸로서도 실패했다.
그리고 끝장났다!'

전남편과의 갈등이 깊어질 대로 깊어진 어느 날, 나는 '나'를 끝장내기로 했고 그리고…… 실패했다.

"아, 다행이다."
서하가 요즘 말을 하기 시작했다. 초급 한국말을 구사하는 서하와 함께 놀다 보면 우울증에 시달린 기억은 한참 전에 꾼 악몽같이 느껴진다. 그 깃발들, 경고들, 나 잃은 날들의 영상을 머릿속에서 다시 돌려본다. 우울증을 밀어낼 좀 더 현명한 방법이 있었을까? 조용한 쇼를 선보이며 가라앉으니 반쯤 미친 상태로 악을 쓰고 다녔다면 좀 더 나답게 어둠을 극복했을까?

아직 잘 모르겠다. 내 몸 어딘가에 보이지 않는 상처가 길게 드러누워 있다.
"서하야, 너 '다행'이 무슨 뜻인지 알아?"
귤껍질 냄새를 맡는 딸에게 물었더니 의미심장하게 눈웃음을 친다.
서하의 천진한 얼굴을 바라보고 있자면 모든 방황과 실패도 그다지 큰일이 아니었던 것처럼 느껴진다. 열심히 헤쳐 나와서 딸과 함께 귤 먹는 오늘이, 어쨌든 오고야 말았으니까.

나쁜 엄마 이기적인 엄마

네 딸이 솔방울처럼 굴러다니며 잔다.

이혼 전 친정에 서하를 맡겼던 날, 아빠가 이런 문자를 보냈었다.
서하가 몸을 뒤집고, 목을 들며 사지를 버둥거리기만 해도 기특하고 대단해 보이던 때가 있었다. 자면서 굴러다니는 것조차 사랑스러워 '솔방울'이니 '땅에 떨어진 아기 봉숭아'니 하는 별명을 붙여줬다. 두 다리로 서 있기만 해도 신기해서 "미어캣이다! 미어캣! 이제 빨리 걷고 뛰자, 서하야" 하고 응원했더니 정말 빠르게 걷고 뛰게 됐다. 건강하게 잘 자라니 참 감사한 일이다.
솔방울 같던 서하가 어느새 송사리 같아졌다. 작고 귀엽고 반짝거린다. 무엇보다 '엄청 재빠르게 도망을 다닌다'.
서하와의 산책은 이제 추격전이 됐다. 경박한 엄마인 나는 서하를 쫓아다니다가 속으로 '졸라 빠르네, 졸라 빨라' 하면서도 세간을 의식한 입에서는 "우리 아가 이리 오세요, 멀리 가지 말아요" 하고 스스로도 믿기 힘든 고운 말을 한다.

서하가 자라면서 조금 수월해지긴 했지만, 에너지 넘치는 유아를 종일 상대하는 것은 역시 힘든 일이다. 부모님과 공동육아를 하고 있음에도 불구하고 나는 개인적인 일을 아무것도 할 수 없었다.

늘 돌발 상황이 생겼다. 감기에 걸리고, 문턱에 걸려 넘어져서 이마를 부딪히고……. 온 가족이 자택 감금 모드로 서하만 바라보며 지내기도 했다. 그러니 아이가 있는 집에서 '느긋하게' 책을 보거나 '사색에 잠겨' 잡문을 쓰거나 '한껏 고양돼' 노래를 만드는 일은 아예 불가능했다. 전남편과 전쟁하느라 불필요한 감정 소모를 하지 않는다는 점을 빼고, 육아 때문에 손발 꽁꽁 묶여 지내는 생활은 크게 달라지지 않았다.

그렇게 고전하고 있을 때 대기 신청을 해놨던 어린이집에서 연락이 왔다. 할렐루야. 프랑스에서는 아이를 어린이집에 보낸 날, 엄마에게 샴페인을 따준다나? 주야장천 육아에 묶여 있던 영혼이 속박을 풀고 하늘로 날아오르는 기분이라니!
17개월 된 아기를 가여워서 어떻게 보내냐는 엄마의 반대에 부딪혔지만, 끝내 서하의 어린이집 입학을 쟁취하고야 말았다.

"그 좋은 엄마들, 다른 엄마들이 누군지 모르겠지만
나는 애초에 그런 엄마가 될 소질도 없을뿐더러
서하와 보내는 시간만큼 내 시간도 중요하니까 어린이집에 보낼 거야!"

첫 주에는 한 시간씩, 둘째 주에는 두 시간씩 어린이집에 보냈다. 첫 두 주는 나와 떨어질 때마다 서하가 자지러지게 울어서 '난 진짜 나쁜 엄마야' 하고 자책하느라 마음 아프고 힘들었다. 그런데 삼 주 차가 되니 울기는 해도 금방 그쳤다. 데리러 가서 조용히 들여다보면 어린이집이 제집이라도 되는 듯이 장난감 들고 어슬렁거리고, 몰래 온 디스코텍 진짜 '재미지다'는 듯이 춤을 추고 있었다. 그렇

게 서하가 잘 노는 모습을 보고 나서야 마음이 놓여, 밀린 독서로 현실도피를 하며 조금이나마 즐거운 시간을 보낼 수 있었다.
넉살 좋고 사람 좋아하는 서하는 어린이집이 쉬는 토요일에도 가방을 들고 나가자고 졸라서 불충한 엄마인 나를 미소 짓게 만들었다.

그렇게 씩씩한 서하에게도 '이별'에 대한 감각이 생긴 것 같다. 평소에는 내가 수십 번 불러도 도망가서 오지 않더니, 며칠 전에는 나를 '쌩까고' 멀리 달려가는 서하에게 "그래, 잘 가. 잘 지내요. 안녕" 하고 공손하게 인사하고 손을 흔들자 "아니야아아아아" 하면서 달려왔다.
허둥지둥 내게 안기는 모습이 마냥 예쁘면서도 가슴 깊숙이 찌르르 울리고 콕콕 아파서 딸을 꼭 껴안아줬다. 서하는 안심했는지 다시 나를 밀쳐내고 콩콩 뛰어갔다.
짜식이…… 자식이 뭐길래 이리도 마음을 들었다 놨다 하는 걸까.
멀어져가는 서하의 뒷모습을 바라보며 속으로 '역시 졸라 빠르네. 졸라 빨라' 하고 감탄했다.
그리고 딸의 이름을 아주 큰 소리로 외쳤다. '괴성의 엄마' '맘충'이라고 하거나 말거나.
그저 한없이 사랑스러우면서도 간혹 나를 '빡치게' 만드는 나의 딸이 '엄마 어디 안 가고 쩌어기 있다'는 사실, 괴팍한 엄마의 진심, 그것만 평생 확신하며 살아가준다면 벌레가 아니라 괴물의 이름이 붙은 채로 살아도 괜찮을 것 같았다.

서하가 내게서 끊임없이 달아나도, 내가 몇 번이고 쫓아가 안아주면 되니까.
사람들에게 이상한 엄마로 불리더라도 서하에게는 늘 같은 엄마일 테니까.

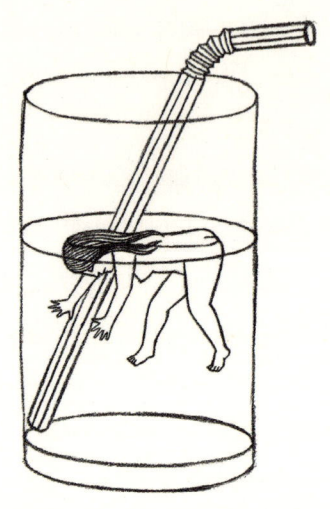

"아이가 미운 짓을 하는 게 아니라
부모 마음에 여유가 없어서 그렇게 보이는 거야."

간만에 홍대에서 마주친 친구가 충고했다.
두 아이의 헌신적인 아빠인 그가 말하길, 아이들 때문에 힘들고 지쳐서 유독 견디기 어렵다 싶은 날은 늘 자신의 마음이 피곤한 날이었다고 했다. 부모가 정신적으로 스트레스를 받고 있을 때는 아이가 평소처럼 행동하는 건데도 더 다루기 힘들다고.

그의 말에 동의한다. 조금은 다른 맥락에서 세차게 고개를 끄덕이며 공감을 표시했지만 '행복한 부모 밑에서 자란 아이가 행복하다'는 큰 틀에서는 벗어나지 않는다.

엄마가 아닌 한 사람으로서 누릴 수 있는 최소한의 자유.
나는 이것이 사치라고 생각하지 않는다.

서하가 어린이집에 다닌 지 이제 반년이 지났다. 서하가 있는 시간에는 함께 놀 수 있어서 기쁘고, 서하가 없는 시간에는 내 일을 할 수 있어서 행복하다.
나는 내가 그렇게 나쁜 엄마인 것 같지 않다. 우울함에 빠져 허우적거리다 차라리 사라져버리는 길을 택했던 기억이 '한결같이 자랑스럽고 믿음직한 엄마' 자격을 박탈했을지도 모른다. 하지만 나는 내 행복을 지킴으로써 '엄마 이기적이다!'라고 비난받는 평판 나쁜 엄마가 되더라도, 딸 곁에 오래 머물 것이다.
훌륭한 엄마로 살기 위해 내 인생을 전부 내어주느니, 행복한 여자가 되기 위해 내 자유를 갈구하며 투쟁하는 쪽이 훨씬 신나는 인생이다.

아빠, 엄마, 서하 그리고 먼지

"임신했으니까 이제 고양이 어디 보내야 되지 않아?"
임신 소식을 알리자 몇몇 친구들이 충고했다.
그 어디는 어디일까? 왜 가족이 생기는데 가족을 버려야 할까? 읽던 책을 덮고, 화초에 물 주기를 멈추는 것처럼 '고양이 키우기'도 취미로 보이는 걸까? 내 곁에서 가르랑거리는 털북숭이는 어디로 가면 될까?

'선물로 받은 작고 귀여운 아기 고양이'는 50만 원.
애인과 심하게 다툰 날, 그가 회사로 찾아와 머리에 리본을 묶은 작은 생명을 내 책상에 내려놨다. 1년 할부로 내 가족이 된 작은 고양이.
늘 고양이가 키우고 싶었다. 고양이는 전부 귀여우니까, 귀여운 것을 곁에 두고 매일 만지고 싶었다. 처음에는 그랬다. "사랑스러워" 하고 신음하고 소유하고 싶던 동물. 그러나 책임감이 두려워 머뭇거렸다. '끝까지' 키울 수 있을까? 겁이 났다. 그런 나 대신 애인이 덜컥 일을 저질러 드디어 고양이를 키우게 됐다.

나의 소유욕과 취미 사이에 슬쩍 들어온 체온.

침대 밑에 굴러다니는 먼지처럼 털이 부스스하고 바람 불면 날아갈듯 연약해 보여서 나는 고양이를 '먼지'라고 부르기 시작했다. 300그램이란 작은 몸으로 팔린 먼지는 결막염에도 걸리고 감기에도 걸렸다. 약한 몸과 운명을 내게 맡긴 채 똥을 쌀 때도 힘겨워하며 다리를 덜덜 떨었고, 푹신한 곳이면 아무 데나 파고들어 잠을 잤다.

그렇게 요정같이 작던 몸이 빠르게 성장했고, 원룸 구석구석을 탐험하며 고양이 행세를 했다. 바깥에서 나는 소리에 잔뜩 겁에 질려 숨거나, 밀림의 왕자인 척 의기양양한 모습으로. 자기만의 방식으로 내 공간을 차지하고 생활했다.

어느새 나는 고양이를 *키우지* 않았다. 그저 고양이와 함께 *살고* 있었다. 먼지는 더 이상 내가 소유한 동물, 취미가 아니라 함께 시간을 보내며 살고 싶은 가족이 돼 있었다. 누군가를 알아가는 과정이 늘 그렇듯 인간뿐 아니라 동물도 가까워지면 처음 감상과 다르게 그 대상을 이해하게 된다.

먼지가 싼 똥 냄새 때문에 자다가 깨고, 검정색 옷 한 번 입으려면 돌돌이질을 수십 번 하고, 긴 여행을 떠나지 못하더라도 나는 먼지를 사랑한다. 수십, 수백 가지 이유로. 아니, 이유도 필요 없이.

동물이 아기에게 해롭다고 충고한 사람들은 그 말이 내게 얼마나 가슴 아픈 이야기였는지 알지 못했으리

어느새 나는 고양이를 키우지 않았다.
그저 함께 살고 있었다.

라. 수도 없이 동물과 아이가 함께 사는 것이 해롭지 않다고 설명해도, 나와 먼지와의 관계가 다른 사랑 못지않게 진하다고 해도, 그들 눈에는 내가 고집부리는 2등급 엄마로 보였던 것 같다.

동물이 더 중요하냐, 아이가 더 중요하냐는 식의 추궁. 빈약한 상식과 괴담을 들먹이며 던지는 모성애 공격. 그런 질문이나 권유가 반복되면서, 나는 주제의 본질이 결국 정서의 차이에서 온다는 사실을 깨달았다. 그들에게 먼지는 내다 버리거나 누구에게 줘도 되는 화분, 만화책 같은 취미 중 하나였던 것이다.

"자, 이제 진짜 인생이 시작됐으니 젊은 날의 취미를 청산해."

동물에게 애정을 쏟는 것은 철이 덜 든, 유아적인 행동이라는 듯이 충고했다.

그래도 나는 계속 내 고양이를 두둔했다.

고양이와 사람 사이에 인수공통질병은 없어요. 톡소플라스마 항체가 있으면 기형아 위험도 없어요. 사람과 동물 털은 너무 커서 기관지를 지나지 못해요. 창밖의 미세먼지가 더 위험해요. 집고양이에게 있는 집먼지진드기는 침대나 베개에 더 많아요. 고양이는 미용이라도 할 수 있잖아요.

난 진짜 진짜 먼지가 좋아요!

아무리 길게 설명해도 누군가는 또 반박했다.

"고양이 알레르기는 어쩔 건데?"

맞는다. 고양이 알레르기라는 복병이 있었다. 다행히 서하에게는 없지만, 만약 그런 상황이 왔다면 너무나 슬펐을 것이다. 심지어 절망스러웠을 것이다.

누가 먼지를 나만큼 사랑해줄까. 상상만 해도 눈물이 왈칵 난다. 내 고양이의 소심함과 퉁명스러움, 간간이 야옹대는 애정의 말들을 누가 이해할까. 먼지를 사랑

누가 먼지를 나만큼 사랑해줄까.
소심하게, 퉁명스럽게, 야옹대는 애정의 말을 누가 이해할까.

해줄 가정을 찾고 또 찾아봤겠지만 결국 좋은 가정으로 입양 간들, 그 경험 자체로 나는 얼마나 피폐해졌을까.

서하를 낳고서도 먼지와 헤어질 위기가 다시 한 번 찾아왔다. 급하게 진행된 이혼과 친정살이. 어린 아기는 눈에 넣어도 아프지 않을 존재여서 환영받았지만, 먼지는 그렇지 않았다. 엄마는 먼지까지 함께 살 수 없다며 반대했다. 임신했을 때와 마찬가지로, 나는 먼지를 포기할 수 없었다. 나는 바닥에 엎어져 오열했고, 엄마는 먼지를 받아들였다. 그렇게 겨우 고양이 한 마리가 간소한 제 살림을 챙겨 나와 함께 친정에서 살게 됐다.
처음에는 엄마가 걱정이 많았다. 혹시라도 먼지가 샘이 나서 서하를 할퀴거나 물거나 괴롭히면 어쩌나 노심초사했다. 나는 엄마에게 유튜브에서 유명한 아기와 고양이 동영상을 보여줬다. 그리고 서하와 먼지도 그렇게 잘 지낼 거라고 말하며 웃었다.
서하와 먼지는 실제로도 아주 잘 지낸다. 문제는 '각자!' 잘 지낸다는 것이다. 먼지가 서하를 괴롭히기는커녕…… 개뿔 관심도 없다. 나의 확신과 판타지는 단번에 무너져 내렸다. 처음엔 안심하던 엄마도 시간이 흐르자 나보다 더 섭섭해했다.

서하가 아주 작은 아기일 때는 먼지의 존재를 잘 인식하지 못했다. 크면서 차차 관심을 기울이기 시작했는데, 먼지가 워낙 귀찮아하며 도망 다니니 친해지려야 친해질 수가 없었다.
그리고 서하가 걷고 뛰게 되면서 상황이 약간 악화됐다. 심각하진 않지만 작은 갈등이 일어나곤 한다. 그 갈등의 약자는 언제나 서하다.

원래 더 많이 사랑하는 사람이 약자가 되니까.

무뚝뚝한 먼지를 발견하면 서하는 할리우드 스타라도 본 듯이 흥분한다. 이름을 부르며 뛰어가서 마구 껴안으려 하는데, 이게 먼지 입장에서는 상당히 부담스러운 모양이다. '굉장한 에너지로 작은 인간이 달려오고 있다!'는 것이 불안해 내 방으로 숨어버리거나 때로 '하악질'까지 한다.

서하도 눈치가 있는지라 먼지가 자신을 좋아하지 않는다는 것을 알게 됐다. 그래서 더 매달린다. 먼지 님이 거실로 나타나시면 자신이 좋아하는 장난감, 책, 과자 등을 주며 애정을 구걸한다. 깍듯이 인사도 하고 밥 먹었냐고 물어보기도 한다. 거만한 먼지는 그것조차 귀찮은지 서하가 손을 내밀면 냄새만 맡고 도로 줄행랑을 친다.

그 모습을 보는 내 가슴은 미어진다. 눈뜨면 보이는 그대 얼굴. 늘 내 곁에서 자고, 애교 부리고, 나만 사랑하는 먼지가 그렇게 야속할 수 없다. "먼지야, 나만 사랑하지 말고 서하도 좀 사랑해줘" 하고 수도 없이 진지하게 부탁했지만 소용없었다.

요즘 서하는 짝사랑에 지쳤는지 먼지를 보면 멀리서 작은 손을 흔들고 "안뇽" 할 뿐이다. 어쩜 이럴 수가. 나의 판타지는 이런 게 아니었는데.

어느 순간 나는 포기한 듯하다. 아니면 깨끗이 인정하게 된 건가. 먼지가 서하를 사랑하지 않는다면, 아니 귀찮아한다면 억지로 좋아하게 만들지 말고 그냥 내버려두자. 시간이 흘러서 서하가 좀 더 크면 관계가 달라질 수도 있으니까.

체념하고 나니 '각자' 잘 지내는 것도 꽤 좋아 보인다. 서로의 구역이 확실하고, 활동 시간대도 다르다.
서하가 어린이집에 가면 먼지의 집 안 순찰이 시작된다. 서하 장난감 냄새도 맡아보고, 핑크색 텐트에 들어가 쩍쩍 하품하다 낮잠도 잔다. 호랑이 없는 굴에 여우가 왕이라더니, 딱 그 격이다.
그러다 서하가 올 시간이 되면 내 방으로 돌아가서 하, 루, 종, 일 잔다. 박제한 고양이마냥 같은 자세로 잘도 잔다. 자고 자고 또 자고, '너 어찌 그리 잘 자니?' 싶을 정도로 자다가 서하가 잠들고 나면 눈을 '번쩍!' 뜬다. 거실로 나와 잠든 서하를 확인하고 슬슬 밤마실을 다니신다.
좋다고 덤비다 거절당하는 서하도 안쓰럽지만, 내 방에 숨어 지내는 먼지도 불쌍해서 나는 열심히 순찰을 돌라고 허락해준다. 실컷 쏘

먼지 님이 나타나시면
서하는 장난감, 책, 과자를 주며 애정을 구걸한다.
더 많이 사랑하는 사람이 언제나 약자가 되니까.

다듬어주고, 뽀뽀해주고, 서하를 예뻐하는 만큼 먼지에게도 애정을 쏟는다.

서하가 먼지에게 귀찮은 대상 넘버원이라면 엄마는 넘버투다.
친정에 데리고 오지 말라고 했지만, 엄마도 은근히 먼지를 귀여워한다. 내가 "너무 예뻐. 세계 최고 고양이야" 하고 칭찬하면 "솔직히 예쁘진 않지. 좀 아저씨같이 생겼지" 하면서도 먼지에게 말을 많이 건다.
먼지는 엄마의 그런 점이 마음에 들지 않는다. 고양이에게도 잔소리는 잔소리다. "예쁘다, 예쁘다" 할 때도 있지만 대부분 "이거 하지 마라" "저기 가지 마라" 아주 구체적으로 이야기하기 때문에 종종 '감히 내게 이래라저래라 하다니!'라는 눈빛으로 엄마를 본다.

엄마와 먼지, 둘을 관찰하다 보면 재미있는 쪽은 항상 엄마다. 뭔가를 금기할 때 아주 자세히, 사람에게 설명하듯 말한다.
"먼지야, 네 털 묻어서 곤란하니까 옷장에서 나와. 먼지, 먼지가 풀풀 날리네. 거실 가서 놀아."
"아이고 너 덥냐? 타일이 시원해서 그러고 있는 거야? 그래도 화장실에 앉아 있으면 어떡해! 바닥 청소한 지 꽤 됐는데 괜히 거기서 하수구 냄새 맡지 말고 가서

밥 먹어."
먼지가 문 앞에서 야옹거리는 것마저 엄마는 관심을 가진다.
"쟤가 뭐라는 거니?"
"음, 나도 잘 모르겠는데. 문을 열어달라거나 밥을 달라거나 그런 요청이겠지."
그렇게 대충 얼버무리면 "뭐라고 하는 건지 가봐" 한다. 고양이를 반대했던 엄마가 어떤 면에서는 가장 적극적으로 먼지와 소통하려 한다.

"얘가 나 따라다니면서 발을 막 때린다?"
먼지를 이르는 엄마에게 나는 "엄마가 좋아서 장난치는 거야" 하고 좋게 이야기해줬다. 속으로는 먼지에게 '이 녀석, 엄마가 만만한 게냐?'라면서.

넘버원, 넘버투. 남은 사람은 아빠.
아빠에게는 딱히 번호 붙일 필요를 느끼지 못하겠다. 먼지는 아빠를 꽤 좋아하는 편이다. 그 이유는 딱 하나. 먼지에게 관심이 없기 때문이다.
먼지가 있는 풍경을 바라보며 아빠는 말을 건다기보다 혼잣말을 한다.
"저놈 창밖 바라보는 것 보게."
처음부터 둘은 아주 자연스러웠다. 철학자와 그의 고양이처럼, 말은 없지만 조용히 서로를 존중한다고 할까.
어느 날은 먼지가 한시를 쓰는 아빠 책상에 뛰어올라가 아빠 눈동자를 빤히 바라봤다. 아빠도 먼지 눈을 바라보며 말했다.
"왜?"
둘이 나눈 대화의 전부다.

서하도 먼지도 다 같이 사는 지금이
그 어느 때보다 사랑이 가득하다.

아빠는 먼지에게 직접 이야기하지 않고 관찰일지를 쓰는 사람처럼 먼지의 행동에 대해 품평한다.
"먼지가 책상을 박박 긁어. 고양이 손톱이 꽤 강하네. 여기 다 까졌어."
그러면 나는 고양이의 습성과, 먼지가 왜 스크래처를 쓰지 않는지(사실 나도 모른다. 시범을 보여도 스크래처는 긁지 않고 가구만 긁는다) 설명한다. 아빠는 "음……" 하며 사색에 잠긴다.
고양이와 함께 살게 되리라 단 한 번도 상상해보지 못한 아빠가 먼지를 바라보며 눈을 가늘게 뜨는 것이 참 훈훈하다. 먼지가 책장에 올라가 '멍 때리는' 것을 보고 '고독'이란 단어를 건네는 아빠라니.

약간의 갈등이 있었고 나의 판타지도 무참히 깨졌지만, 이만하면 우리는 잘 지내고 있는 것 같다. 먼지와 관계를 맺는 방식에서 각자의 개성을 드러내며, 귀여운 시트콤같이. 물론 먼지가 주연이고 우리는 다 조연이겠지만.
먼지는 지금도 내 곁에 앉아 있다. 글을 쓸 때마다 키보드 위로 지나가려고 하다니, 개성파 고양이인 줄 알았는데 이럴 땐 너도 참 뻔한 고양이구나 싶다.
먼지는 눈으로 내게 대답한다.
"뭘, 너도 뻔한 인간이면서."
촌철살인의 대가. 어찌 내 고양이를 사랑하지 않을 수 있을까.

임신이나 이혼을 하며 받은 '먼지 유기 권유'와 지금의 생활. 나만의 가족을 만드는 일. 함께 살기까지의 여정이 녹록지 않았다.
육아관, 가족과 사랑에 대한 정의는 사람마다 다르다. 그러나 '인간 따봉 법칙 : 사람 나고 동물 났지, 동물 나고 사람 났냐'에 따라 먼지와 이별했다 한들 내가 서하를 더 사랑하진 않았을 것이다. 당연히 덜 사랑하지도 않았을 것이다.
서하도 먼지도 각자가 받을 만한 사랑을 받고 있고, 오히려 다 같이 사는 지금이 그 어느 때보다 사랑이 가득하다.
앤드류 솔로몬의 말처럼, *사랑에는 덧셈만 있지 뺄셈은 없는 것이다.* 먼지가 하루 종일 내 방에만 있는다고 걱정하며 "너 심심한데 혼자 뭐 해, 나와. 이리 나와" 하고, 털 날리는 고양이에게 문을 열어주는 엄마를 보며 나는 다시 사랑의 방정식을 배운다.

우리의 첫 크리스마스트리

크리스마스트리를 샀다. 어떤 걸 사야 하는지 몰라서 고민하다 비교적 싼 녀석을 골랐다.

나는 단 한 번도 크리스마스트리를 가져본 적이 없다. 크리스마스는 종교가 있는 사람들에게만 특별한 날이며 소비를 부추기는 상업적인 명절이라고, 우리 가족과는 무관한 축제라고 아빠는 말했다.

부모님이 뮤지션인 만큼 집에 악기가 많았는데, 기타와 하모니카 말고는 전부 국악기였다. 가야금, 장구, 북, 꽹과리, 징 등등. 아빠는 무대에 올라갈 때 한복을 자주 입었고, 동네에서 배드민턴을 칠 때도 개량 한복을 입었다. 민족적인 것, 토속적인 것이 가진 매력에 푹 빠진 시절의 아빠. 나를 아빠 방식으로 의식화한 탓에 나는 크리스마스를 잃었다.

딱 한 번이라도 크리스마스트리를 꾸며보고 싶었다. 크리스마스카드 삽화나 명절 만화영화에 나오는 아름다운 트리를 갖고 싶었다. 가짜 나무를 예쁘게 꾸미는 게 종교와 무슨 상관이라고! 어린이 정새난슬은 그렇게 생각했다. 산타를 믿어본 적도 없으면서 괜히 순진한 척 크리스마스이브, 머리맡에 양말을 놓고 잠들었다. 혹시나…… 기대하며 일어나도 그냥 양말만 있었다. 조그만 내 양말.

항시 다정하고 잘 놀아주는 아빠였는데, 왜 크리스마스를 빼앗고 비정한 현실의 찬물을 끼얹었을까. 인생에서 상상 속 존재를 믿는 유아기가 정말 중요하다는데, 합리적으로 생각할 줄 알게 되는 일곱 살 이전 상상의 세계는 아이가 천천히 현실을 받아들이고 이해하는 데 매우 중요한 다리 역할을 한다는데, 아빠는 왜 단호하게 크리스마스 다리를 철거하고 나를 현실 대륙에 떨어뜨렸을까.

초등학생 때까지는 그런 아빠의 양육 태도에 분개하곤 했다. 환상의 나라 공주가 현실 세계로 이동해서 겪는 모험을 그린 만화를 보는 내게 계급론에 관해 설명하거나, 피아노 학원에 보내자는 엄마의 말에 "남의 나라 악기부터 가르칠 수 없다"고 일갈했으니, 내 어린 시절은 결코 평범하지 않았다.

착한 아이에게 선물을 준다는 산타. 그날을 위해 착한 행동을 많이 할 수 있었는데. 산타를 금지당한 나는 그래서…… 나쁜 어른이 되고 말았다.

아빠 말이 맞네! 난 종교도 없는데.
엑스마스엔 술을 마셔야지. 술을! 끄하하!
애인, 친구, 인증샷, 아무 파티, 그냥 막 파티!

성인이 된 나는 크리스마스트리에 대한 아쉬움을 잊고, 평범하게 한심한 태도로 남의 명절을 즐겼다.
백화점이나 호텔 로비에 있는 거대한 트리 앞에서 인증샷을 찍어 기록 남기는 것으로 올해도 그냥저냥 구색은 갖췄다고 생각하지 뭐. 가짜 나무를 사서 뭐하러 예쁘게 꾸며. 자리나 차지하는 짐만 늘리는 꼴이지.
참 팍팍하다 싶지만 크리스마스 다리를 건너보지도 못한 채 어른이 됐는데 이제 와서 어린이 정새난슬의 꿈을 실현시킨다고 뭐가 달라지랴.

저기요…….
집에 서하 어린이 있잖아요.
네?
서하 어린이요.
맞는다! 이제 내게는 딸이 있다.
크리스마스 다리를 놔줘야 한다.
정새난슬 어린이 봉인 해제!

나는 매우 조리 있고 논리적으로 이야기하려 애쓰며 아빠 설득에 들어갔다.
"아빠, 나는 의의 말고 기쁨을 찾고 싶어. 그게 무슨 말이냐면 남의 파티, 축제, 명절, 그 모든 퍼레이드와 일상을 탈출한 화려한 장식들, 괜히 뭐가 사고 싶은 들뜬

기분에 고취돼서.

응? 응. 바보 같아도 좋으니까. 남의 굿판에 놀러 가 떡 얻어먹는 식의 행복이라도 느끼고 싶어.

응? 세속적이라고? 알지, 알지, 내가 다 알지(실은 모른다). 아빠 딸인데……. 어쨌든 주문했어."

하루 만에 도착한 찌그러진 택배 박스. 설레는 마음으로 우리의 첫 트리를 뜯어보니 뭔가 상당히 나 같은 녀석이 왔다. 초록색 비닐 털이 달린 초라한 막대기. 소심한 먼지조차 겁 없이 달려들어 뜯어 먹으려 시도한, 무늬만 트리가 온 것이다.

구색을 갖추려 노력하지만 어쩐지 허접하고 앙상한, 그래서 약간 슬픈데 바로 그런 이유로 짠하고 귀여운. 마치 이혼 직후의 나 같은?

갑자기 강한 동질감이 느껴졌다. 목적의식이 강화됐다. 뭘 많이 주렁주렁 매달면 너도 나도 최고가 될 거란 낙관! 우리는 운명 공동체!

캐럴이 들려오고 크리스마스 상품 광고가 쏟아질 무렵, 온 가족이 모여 트리에 장식을 달았다. 우리 중 그 누구도 트리를 꾸며본 적이 없었지만 각자가 가진 '트리관'은 뚜렷했다.

아빠는 '무조건 많이 달면 장땡이다' 스타일.
싸구려 비닐 트리니까 LED 조명은 달지 말자, 불난다, 당부하는 엄마는 '켜지지 않은 불도 조심하자' 스타일.
정새난슬과 서하 어린이는 '내가 할 거야, 내가 할 거야' 스타일.

트리 장식을 완성한 순간, 모두가 한 가지 사실을 깨달았다. 우리가 보던 크리스마스트리는 이런 게 아닌데……. 트리는 다리가 부서져 기우뚱하고, 장식을 모두 달아도 빈약했다.
그래도 우리만의 트리였다. 서하가 처음 장식한 트리란 점에 '의의'가 있는 것이다. 드디어 찾은 의의. 나는 꽤나 만족스러웠고, 루돌프가 그려진 내복을 입은 서하와 크리스마스트리 사진을 많이 찍어뒀다.
기쁘잖아! 그치? 역시 명절은 이런 느낌이어야 해.

그러나 크리스마스의 꽃이라는 '어린이집 산타 행사' 당일, 담임선생님이 보내준 사진들을 보니 산타 앞에 선 서하가 잔뜩 긴장한 채 얼어 있었다. 크리스마스트리만 만들었지, 가족 중 그 누구도! 아무도! 산타에 대해 이야기해주지 않은 것이다! 선물만 준비해두고 산타에 대해 이야기해주지 않다니. '아직 크리스마스를 모를 나이니까 괜찮겠지' 하면서도 서하에게 미안했다.

'내가 갖지 못한 걸 네게는 주려고 했는데
시작부터 삐거덕거리는구나.
난 진짜 네게 독특한 크리스마스 다리를 놔주고 싶어.'

서하와 함께 산타 할아버지가 준 선물을 뜯어봤다. 이런 장난감 처음 봤다는 듯 박수를 치고 환호성을 질렀다. 선물 개봉식이 끝난 뒤에는 서하를 무릎에 앉히고 팀 버튼의 〈크리스마스의 악몽〉을 틀어줬다. 서하가 보기에 너무 무섭거나 괴이한 게 아닐까 싶었지만, 의외로 상당히 흥미로워하기에 끝까지 같이 봤다. 서하는 눈을 동그랗게 뜨고, 어린이집에서 산타를 만났을 때와 똑같은 표정을 지었다.

'지금 네가 만나는 건 사실 산타도 아니고 크리스마스도 아니야. 팀 버튼의 세계란다.'

명절 분위기를 느끼게 해주겠다는 것은 핑계에 불과했다. 나 역시 내가 좋아하는 감독의 영화를 보여주며 내 취향과 의식을 서하에게 쏟아붓고 있었다.

눈을 동그랗게 뜨고 독특한 캐릭터들 유심히 살피는 나의 아이.

과연 서하의 크리스마스 다리는 건설 중일까, 철거 중일까? 서하가 자라면 내게 어떤 불평불만을 늘어놓으며 유년기의 아쉬움을 토로할까?

새하얀 종이들 가득한 스케치북, 서하가 직접 모든 그림 그려 넣기 전까지 나는 서하를 위해 그림을 그려준다. 나의 가치관, 나눠주고 싶은 것, 공유하고 싶은 감성. 어쩌면 어느 한쪽으로 너무 치우쳐 있거나 독특하다 못해 괴상하게 느껴질지도 모른다. 그러나 내가 그랬듯 서하도 서하만의 방식으로 소화하고 이해하리라 믿는다.
즐거운 크리스마스. 우리는 군고구마도 사이좋게 나눠 먹었다. 살짝 탄 쪽이 언제나 제일 달다.

나는 네게 아무것도 해준 게 없는데

"모두가 늑대를 싫어해도 엄마만은 늑대 편이야."

일본 애니메이션 〈늑대아이〉를 보다 눈시울이 뜨거워졌다. 이혼하고 난 뒤에 보니 더 공감이 갔다. 물론 내가 주인공처럼 헌신적인 엄마는 아니다. 전남편이 나 먹으라고 꿩 잡다가 고인이 되지도 않았다.

다만 갑자기 싱글맘이 된 주인공의 상황과 아이들의 사랑스러움(과 번잡스러움)이 너무 훌륭하게 표현돼 눈물이 났다. 인간 아닌 아이들을 지키기 위해 내리는 결단과 그들의 본성을 지켜주려는 주인공의 태도에 존경심마저 일었다. 늑대로서 살고자 하는 아들의 선택을 인정하고, 건강해야 한다 당부하며 "나는 네게 아무것도 해준 게 없는데" 읊조리는 장면에서는 입술을 깨물며 "나도 저런 엄마가 되고 싶어" 하고 흐느꼈다.

내 이루지 못한 꿈이나 삶의 방식을 서하에게 강요하거나 투사할까 봐 가끔 걱정된다. 그래서 늘 다짐한다.

늑대아이의 엄마가 되자.
딸이 내 손을 뿌리치면 놓아주자.
그녀가 연약하고 미숙하다며 감싸기보다
숨겨진, 나는 미처 눈치채지 못한
그녀의 가능성을 믿고 자유롭게 풀어주자.

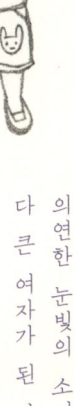

의연한 눈빛의 소녀, 비밀과 꿈을 간직한 다 큰 여자가 된 딸을 상상한다.

엄청 힘든 일이 될 것이다. 서하를 사랑하기에 그녀의 아픔은 곧 나의 것이고, 나는 그 아픔이 두려워서라도 딸을 꽁꽁 감추고 싶어 할 것이다. 딸을 놓아주지 못한다면 그건 그녀가 아닌 나의 나약함 때문일 것이다.

언제까지나 서하가 내 품 안의 아이면 좋겠다고 생각할 때도 있다. 그럴 때마다 나는 딸이 다 자란 모습을 상상하곤 한다.

의연한 눈빛을 한 소녀를. 내겐 영영 알려주지 않을 비밀과 심장 뛰는 꿈을 가진 다 큰 여자, 서하.

상상 속 그녀가 얼마나 단단하고 아름다운지. 그런 서하가 자신만의 삶을 살아가길 바란다면 나는 중재자가 아닌 관객으로 남아야 할 것이다. 박수를 치고 눈물을 흘리며.

서하 인생의 대본을 뜯어고치거나 무대 위로 뛰어올라가 참견하는 엄마는 절대 되고 싶지 않다. 그런데 그런 엄마가 되기 위해서는 서하의 도움도 간절하다는 생각이 든다.

벌써부터 딸에게 바라는 점이 많아서 미안하지만, 언젠가 이 책을 읽을 서하를 위해 기록해둔다.

1. 마음이 움직이는 대로 정직하게 행동하되 사람들에게 상처 주지 말 것

솔직함이 늘 미덕인 것은 아니야. 넌 영리하니까 잘 알 거야. 가끔 엄마도 친구들에게 상처 주고 "난 솔직하니까"라는 말로 도망 다니지만, 그건 진실이 아니야. 그냥 엄마는 종종 못되게 굴고 싶어질 때가 있고, 솔직하단 말을 핑계로 비겁하게 구는 것뿐이었어.

하지만 이제 깨달았어. 아파하는 사람에게 사과하지 않으면 언젠가 반드시 그 아픔이 자신에게 돌아온다는 걸. 이것만은 서하 네가 겪지 않고도 익힐 수 있는 일이면 좋겠다.

2. 경험 상자, 상처 감옥에 갇히지 말 것

사람들에게 상처를 입어 아프다 해도, 평생 그 감각으로 세상을 느끼며 살게 되진 않을 거야. 상처를 네 감옥으로 삼을 바에야 무기처럼 들고 똑똑한 분노를 표현하는 쪽이 네 영혼에 유익하단다.

그러나 그 분노가 너를 잠식하도록 내버려둬선 안 돼. 네 분노를 분석하는 힘이 생길 때 비로소 그걸 제대로 다룰 수 있게 될 거야.

경험을 과시하는 인간일수록 속은 텅 빈 경우가 많아. 네 자신의 경험에 근거해서 세상을 바라보게 되겠지만, 네가 겪은 일들이 세계를 바라보는 절대적인 시선이 될 수 없다는 걸 기억해야 해. 그래야 더 새로운 것들을 발견하고, 덜 지루한 인생을 살 수 있어.

타인의 경험은 참고할 만하지만, 네게 있어 정답이 아닐 수도 있으니 맹신하지 말길.

3. 다름과 틀림을 현명하게 구분할 것, 어렵지만 적어도 그러려고 노력할 것

헷갈리기 쉽거든. 공존하고 싶은 사람들과 기분 좋게 어울리되, 너를 같은 자리에 세워두고 낡은 가치로 네 영혼을 묶어두려는 자들은 경계해야 해. 그들은 네가 새로운 것을 보고 이동하고 성장하는 걸, 네 목소리 내는 걸 두려워한단다.

그리고 만약 네게 '여성'이 지켜야 할 덕목이나 겸손, 침묵의 가치를 지나치게 강요한다면 그는 결코 좋은 사람이 아니야.

4. 아주 자주, 책 속에서 길을 잃을 것

언제나 황홀한 경험이야. 작가들의 문장에 실려서 전혀 다른 인생을 살아보는 것 말이야. 책은 늘 너를 즐겁게, 풍부하게 만들 거야. 새로 만나는 단어들은 너 자신을 깊숙이 탐험하고 설명할 용기를 주고, 어지러운 심상들을 명료하게 정리해주기도 하지.

그렇지만 엄마가 책을 읽으면서 제일 기쁨을 느낄 때는 책 속에서 길을 잃을 때야. 그 어떤 방향도 없이 문장들 사이를 유영하는 기분이 들 때 너무 행복해. 한 가지 결론을 쫓아 맹렬히 추적하거나 허겁지겁 책장을 넘길 때도 짜릿하지만, 독자를 참여시키는 책, 텍스트의 한계를 넘어선 책을 만나면 전율하고 말지. 그런 책에는 인생을 바꾸는 힘이 있거든.

누구에게나 그 사람의 인생에 중대한 영향을 미치는 책이 있기 마련이고, 나는 네가 그런 책을 만나기 위해 무수히 많은 책들을 읽으면 좋겠어.

5. 네 그릇을 소중히 여길 것

몸은 영혼을 담는 그릇이야. 이 생에서 잘 쓰다 두고 갈 그릇. 네 그릇에 어떤 무늬를 그려 넣든, 뭘 덧붙이든 그건 네 선택이야. 하지만 그릇이 깨어지면 영혼도 함께 새어 나가는 법이니까 반드시 건강을 유지해야 해.

건강하란 말은 날씬해야 한다거나 대중매체에서 말하는 아름다움에 부합하란 뜻이 아니야. 그저 네 영혼이 편히 머무를 수 있도록 네 그릇을 단련하라는 거지.

네 그릇에 대한 정의가 나와 달라서 내가 알아보지도 못할 정도로 화려해지거나 아주 색다르게 변신할 수도 있겠지만, 세속적인 욕망이 영혼마저 압도할 때는 늘 기억해. 어차피 두고 갈 그릇이란 걸 말이야. 네가 가진 것은 네 영혼이 전부야.

엄마를 포함해서 많은 여성들이 남의 시선에 의지해 자신의 몸을 전장처럼 여기고 다뤄왔어. 하지만 엄마는 엄마 그릇에 무늬가 있는 걸 후회한 적은 없어. 문신만은 타인의 시선을 안전하게 잡아두기 위한 꾸밈이 아니었거든. 엄마 몸의 문신들은 영혼이 요구한 그림들이었다고 생각해.

네게도 그런 욕망이 생긴다면, 만약 그것이 내가 이해하기 힘든 것일지라도 인내심을 가지고 나를 설득해주길 바라. 네 몸이 건강하기만 하다면, 단지 주변 평가를 의식해 네 몸을 길들이려는 게 아니라면, 뭐든 듣고 마음을 바꿀 준비가 돼 있으니까.

6. 나를 떠나 네 세계를 여행하길

평생 엄마 곁을 맴돌며 산다면 너무 행복하겠지만, 너를 생각하면 언제든 떠나는 게 좋다고 생각해. 우주 어딘가의 새로운 별이든, 타국이든 아주 다른 환경에서 살아보는 거야.

너도 잘 알겠지만, 네가 없어도 엄마는 잘 살 거야. 엄마도 엄마의 인생이 있으니까, 너 자신만의 여행을 떠날 때 걱정하거나 망설이지 않아도 돼. 돌아오고 싶을 때면 마음 편히 돌아와도 되고. 엄마는 늘 너만을 기다리며 살진 않을 테지만, 마음과 집 한편에 네 자리를 비워놓을 거야.

네가 성장하면 할수록 나와 너를 둘러싼 환경과 상황도 변할 거야. 그때 가서 다른 말들을 하고 싶어질지도 몰라. 그러니 나머지 말들은 마음에 묻어둘게.

너의 매일을 지켜보는 게 얼마나 놀랍고 신기한지.
너와 진지하게 대화할 날이, 심지어 싸울 날마저
너무 기대돼.
너는 나와 얼마나 다를까? 또 어떤 점이 비슷할까?

당부하고픈 말들을 적고 나니 나도 제대로 지키지 못하는 것들이 많다. 실은 내가 그렇게 살아오지 못했기에 서하에게 기대하는 것일 수도 있다. 부담 주지 말자는 생각과 다르게, 내 아이가 나보다 의식적으로 진화한 존재이길 바라는 마음에 너무 많은 이야기를 하고 말았다.

서하는 아직 세 살일 뿐인데. 언제 이 글을 읽게 될까. 혹시나 내가 너무 관념적인 충고만 한 게 아닐까. 너무 먼 미래의 이야기를 한 것 같기도 하다. 〈늑대아이〉의 주인공은 아이들 곁을 지키며 자신도 늑대가 된 것처럼 함께 울어줬는데, 나는 서하의 시선으로 보는 세상에 공감하고 그녀의 단어들을 읽어주기도 전에 나도 못 하는 일들을 해내길 원하고 있다. 아무래도 서하가 떠나갈 때 "네게 아무것도 해준 게 없는데" 하고 말하는 엄마가 되기는 힘들 것 같다.

"엄마는 너를 위해 희생한 게 아무것도 없어" 하고 외칠 수 있다면 그나마 성공적일 것 같다.

2016년 이제 세 살인 아기 서하. 그녀는 지금 내 인생에서 제일 귀엽고 유쾌한 미스터리다. 딸의 일상으로 알쏭달쏭 추리 육아를 쓰고 싶다.

꽃 같고 별 같은 내 아이. 나는 서하를 참 많이 사랑한

다. 내게 있는 좋은 기운과 고운 단어를 전부 안겨주고 싶을 만큼. 내가 지구에 너~무 오~래 살다 지겨워서 쭈글쭈글한 그릇을 버리고 영혼으로 존재하게 될 때까지 계속. 영혼이 돼 지상에서 만난 애인들 전부 잊어도 딸에 대한 사랑만은 잊지 않을 것이다.

*"기억해. 사람들이 뭐라 하든
엄마만은 늘 서하 편이야."*

야채크래커만큼 작은 딸의 귀에 속삭이고 와야겠다.

소년아, 너는 상냥하고 다정한
그런 남자가 될 거야

어느 산책길, 올림픽공원에서 얼굴이 동그란 비숑프리제에게 (꾸)짖음당한 뒤로 서하는 '머머(개)'에게 함부로 달려들지 않는다. 세상 모든 개들이 자신에게 호의적이지도 않을뿐더러 상처 입힐 수도 있다는 사실을 깨달은 것이다.
여전히 개들을 좋아하지만, 예전처럼 겁 없이 다가서거나 마냥 쫓아다니지는 않는다. 경험으로 인해 얻은 두려움, 새로 생긴 방어기제가 서하의 충동을 자제시키고 보호한다.

어제도 우리는 산책을 갔다. 메르스 때문에 비교적 한산한 광장에 아기띠로 안고 있던 서하 방생. 서하는 잠시 주저앉아 작은 돌멩이들과 나뭇가지를 만지작거리다 뭘 봤는지 잔뜩 흥분해 반대편으로 뛰어가기 시작했다. 서하가 뛰어간 곳에는 물병을 들고 산책 나온 모자가 돌벤치에 나란히 앉아 있었다. 초등학교 고학년쯤 돼 보이는 소년과 그의 엄마 그리고 강아지 한 마리.
작아서 만만해 보였는지, 아니면 개에게 물릴 뻔한 기억이 순식간에 증발했는지, 서하는 성급히 손을 뻗어 강아지를 만지려 했다. 그러자 소년의 엄마가 "만지면 안 돼요. 보기만 하세요" 하며 주의를 줬다. 아직 강아지긴 해도 서하를 물 수 있으니까, 또 어린아이를 키우는 엄마들의 조심스러움을 알기 때문이었을 것이다.

개가 장난감도 아니거니와 당연히 주인 허락 없이, 특히 개의 동의 없이 만지면 안 된다고 생각했기에 나도 서하를 껴안고 "너무 귀엽다. 그치? 눈으로 보자" 하고 속삭였다. '꼬꼬(비둘기)' 보러 가자며 억지로 껴안아 자리를 옮기는데 소년이 툴툴거리는 소리가 들렸다.

"아기가 좀 만지면 어때서. 엄마는 괜히 그래. 등은 만져도 되잖아. 아기 불러서 등 만지라고 해. 엄마는 진짜 유난이야."

뜻하지 않게 남의 가정에 조그만 분란을 일으킨 것이 아닌가 싶어 버둥거리는 서하를 안고 그 자리를 탈출하려는데, 강아지를 만지고 싶은 마음 때문인지 있는 힘껏 용을 쓴 서하가 다시 그 모자에게로 달려갔다.

강아지를 안고 있던 소년이 멋쩍게 웃으면서 "자! 등은 만져도 돼. 안 물 거야" 하고 서하에게 눈 맞추며 이야기해줬고, 강아지도 싫은 내색 없이 허락하는 눈동자로 서하를 바라봤다. 물론 엄마 쪽은 여전히 "털 빠지는데……. 손 꼭 씻기세요" 하고 우려 섞인 말을 덧붙였다.

흥분한 서하가 집게손가락으로 천천히 강아지의 등을 만졌다. 그만하면 충분히 폐를 끼쳤다 싶어 나는 아기띠에 서하를 단단히 매고, 눈웃음으로 대충 감사를 표하며 자리를 뜨려 했다. 그러자 소년이 너무나 크고 반듯한 목소리로 말했다.

"안녕히 가세요."

그의 작별인사에 숨겨진 다른 말들. 이를테면 "미안해요. 강아지 더 못 만지게 해서" 혹은 "귀여운 아기야, 잘 가".

발걸음을 옮기는데 어찌나 마음이 뭉클하던지, 홱 몸을 틀어 돌벤치에 앉은 소년에게 소리치고 싶었다.

"너 있잖아, 진짜 좋은 남자가 될 거야. 상냥하고 다정한 그런 남자가 될 거야. 확신해!"

아니, 나는 알까? 겪어본 일들의 감정 그래프를 찢고 좋은 인간관계를 맺을 수 있을까? 언제쯤 불신과 분노의 날들을 잊고, 이 지하 벙커에서 나가 세상과 마주할 수 있을까?

메르스고 뭐고 오늘 산책 잘 나왔다고 서하에게 이야기하다 경험에 대해 다시 생각하게 됐다.

인생의 폭을 넓히고 관심사를 확장시키는 경험이 아닌, 나를 좁은 방공호에 가두는 경험. 이별로 얻은 두려움, 상처. 나를 풍부하게 만들고 더 넓은 세상으로 나아가는 것을 막는, 나를 보호하기 위해 생긴 수많은 방어기제들.

사람들은 경험을 많이 하면 할수록 좋다고 이야기한다. 하지만 사실은 그 경험들 때문에 스스로를 속박하고 있진 않을까. 혹은 남을 쉽게 정의할 수 있다고 착각하진 않을까. 어떤 일을 체험하든 늘 자신만의 해석이 따라붙고, 그것을 절대적이라 맹신하진 않을까.

그러나 세상에는 멍멍 짖는 비숑프리제만 있는 것이 아니다. 등을 내어주는 작은 강아지도 있다. 서하는 이제 그것을 알았을까? 세상을, 닥쳐올 일들을 두려워하지 말고 늘 부드럽게 열려 있어야 새로운 기회와 만남, 기쁨이 온다는 것을 서하는 알까?

아니, 나는 알까? 두려움, 주저함, 겪어본 일들의 감정 그래프를 찢고 새로운 세계에서 좋은 인간관계를 맺을 수 있을까? 언제쯤 불신과 분노의 날들을 잊고, 이 지하 벙커에서 나가 세상과 마주할 수 있을까?

비숑프리제와 서하, 전남편과 나. 세상에는 좋은 개들과 맑은 사람들이 많다. 의외로 그렇다. 일단 그쪽에서 시작하면 좋을 것 같다. 서하와 내게 밝게 인사한 소년이 있었다, 는 다정한 경험.

생글거리는 서하와 집으로 돌아가는 길, 소년의 마지막 인사가 귓가를 떠나지 않는다.

우리는 마주치기 싫은 문제, 고통, 우울에 대해 더 많이 이야기해야 한다. 그래야 누군가가 도움을 청했을 때 주저하지 않고 달려가 손을 잡아줄 수 있다. 적어도 나는 그런 세상에 살고 싶다.

응석 부리지 마

Chapter 2

나는 나와 결혼한다

파도가 촤하하~ 경쾌하게 밀려오는 한물간 휴양지. 비키니인가 핫팬츠인가를 입은 내가 기세 좋은 땡볕에 몸을 굽고 있다. 미지근한 맥주에는 고개 떨군 빨대가 꽂혀 있고, 푸석푸석한 모래사장에는 홈플러스 특가 5000원인 장난감 트럭이 푹 박혀 있다.

모르는 그림자가 다가와 나를 까맣게 덮치는데, "네가 내 애인이니?" 하고 나는 묻는다. 민망해서 몸을 배배 꼬기도 했다.

그림자는 내게 말한다.

"사랑은 하고 다니니? 하고 다녀라. 사람이 사랑을 하고 다녀야지. 사랑을 제때 제때 챙기지 않으니까 이렇게 초췌하잖니."

"그래서 지금 이렇게 사랑하잖아."

나는 배시시 웃고 파도는 다시 촤하하~ 내 발등을 적시는데……, 띠링.

[쿠팡] 도착 예정일 : 12/3(목)

배송 중 : 베베물티슈

운송장 번호 : 로젠택배/00000000

[쿠팡] 도착 예정일 : 12/3(목)

배송 중 : 보소미기저귀

운송장 번호 : 한진택배/000000000

응석 부리지 마

문자메시지 소리에 눈을 떴다. 택배가 곧 사랑이요, 희망인 내 현실로 툭 떨어졌다. 비록 그림자에 불과했지만 나를 사랑하려던 존재와 헤어진 것이 아쉽고 허무했다. 내 인생이 어찌 이리됐나.
휴대전화를 뒤집어놓고 다시 잠을 청하려는데 또 문자가 왔다. 택배려니 하면서 확인했는데 웬걸, 수컷에게서 온 문자였다.

심심하지. 나랑 놀래?

알고 지낸 지는 꽤 됐는데, 작년부터 급속도로 친해졌다. 서하가 정말 좋아하는 짐승남 뽀로로. 한숨이 나왔다.
'뽀로로 네놈이 기어이 꿈속 연인을 쫓아내는구나.'
다시 잠이 올 것 같지 않아 화장대 거울을 바라보는데 문득 궁금해졌다.

내가 섹스를 안 한 지 얼마나 된 거지? 한 500년?

2015년 3월부터 12월까지니까 정확히 9개월. 섹스를 안 하고 이렇게 오래 버티다니. 비처녀 시즌 돌입 이후 최장 금욕기다.

20대. 많은 남자를 만나진 않았지만, 한번 만나면 몇 년씩 관계를 지속하는 편이어서 섹스리스로 지내본 적이 없다. 애인이 없던 적이 거의 없다. 길어봐야 석 달. 관계를 가지는 방식이 그러했으니 자주는 아니더라도 정기적으로 섹스를 하는 편이었고, 남자 '몸'이 아쉬운 경우는 없었다.
그런데 이혼하고 나니 예전과 딴판이다. 치열한 결별이었던 만큼 마음이 너덜너덜, 전남편의 빈자리를 차지할 그 누구도 강력히 거부할 정도로 '남녀관계'에 지쳤고, 사랑에 대한 신뢰를 잃었으며, 슬프게도 성욕조차 잃었다.

이혼 직후에는 성욕 때문이라기보다 묘한 경쟁심, 복수심에 빨리 다른 사람과 섹스를 해야 한다는 조급함이 있었다. 친정살이와 육아. 아줌마로 살아가는 나와 달리 전남편은 클럽을 차리고 '젊은이'들과 어울리고 있었으므로 그가 누리는 자유는 내 휴식 시간과는 질이 다르다고 생각했다. 내가 누리지 못하는 세상 모든 오르가슴을 즐기고 있다고 상상했다. 진실 여부는 중요하지 않았다. 똑같이 이혼했는데 왜 나만! 독수공방 신세인가 한탄했다.

친구들과 만나 어떻게 하면 훌륭한 섹스 파트너를 구할 수 있을지 고민을 털어놓기도 했다. 사랑 없이 몸만 교류하는 실용적이고 산뜻한 관계. 마음 다칠 염려 없는 안전한 관계. 섹스 파트너로서 갖춰야 할 조건은 다음과 같았다.

- 사랑에 빠지면 곤란하므로 외모가 출중하면 안 됨.
- 그래도 성적 매력은 있어야 하니까 몸짱이면 좋겠음.
- 가능하면 정기적으로 오전, 점심시간에 만날 수 있어야 함.
- 아내나 애인 있는 남자는 사양함.
- 입이 무겁고 비밀을 잘 지키는 남자여야 함.
- 반듯하고 단정한 성품, 말이 없었으면 좋겠음.

내 이야기를 들은 남자 사람 친구가 말했다.
"그냥 섹스돌을 사."
나는 대답했다.
"그 큰 걸 어디다 숨겨놔, 가족들 사는 집에."
현실적으로 불가능한 상대를 원하고 있다, 차라리 애인을 만드는 것이 섹스 파트너를 찾는 것보다 쉽겠다, 이런 결론을 내렸다.
'연애는 하기 싫은데. 시간도 없고……'
똑같은 대화를 반복하는 내가 한심했나 보다. 친구가

말했다.
"그냥 서하만 보면서 살아. 뭘 벌써 섹스 타령이야."
"전남편은 방종한 성생활을 즐기고 있을 텐데 질 수 없잖아!"
"이기고 지고가 어디 있어, 이미 이혼했는데."
그렇다. 그의 성생활이 어떻든 나와 무관하다. 그의 자유를 맹렬히 질투하지만 친권, 양육권을 달라고 주장한 것은 나였으니, 육아 때문에 부자유스러운 것도 내 선택의 결과가 아닌가. 사랑하지 않는 남자와 섹스하고 싶을 정도로 타인의 몸이 궁금한 상태도 아니었다.

차라리 서하가 있어 다행이라고 친구들은 입을 모아 이야기했다. 내 의존적 연애 패턴을 끊을 좋은 계기라는 것이다.
듣고 보니 그랬다. 사랑은 사랑으로 지운다는 것이 평생 신조였지만, 이제 사랑을 믿지도 않는다면서 또 자신을 흔들어놓을 관계를 만들 이유가 어디 있을까. 게다가 남자보다 서하를 더 사랑하고 있지 않은가.

헤어지고 만나고 헤어지고 또 만나고……. 섹스가 아니라 애인 없이 살아가지 못하는 여자였던 나. 모태솔로와는 정반대로, 이것도 이것 나름의 문제가 있지 않은가 심각하게 고민한 적도 많았다.
연애를, 사랑에 빠지는 과정을 좋아하고, 한 사람을 천천히 알아가는 것 자체가 흥미롭기는 하지만, 나는 어쩌면 단지 혼자인 것을 참지 못해 늘 누군가를 곁에 둬야 했던 것 아닐까.
성취감이라곤 없이 방황만 했던 20대. 누군가가 나를 열렬히 사랑해주는 것 자체가 휘청거리는 내 자아를 위로하고, 자존감을 높이는 유일한 재료가 아니었을까.

사랑은 하고 다니니? 사랑을 챙기지 않으니 이렇게 초췌하잖아.

홀로 있는 시간을 통해 나 자신을 알아가고 씩씩하게 새로운 길을 개척하는 대신, 애인의 눈을 통해 자신을 보고 그의 세계를 접하고 그 환경에 의존하면서 너무 느리게 성장하게 된 것은 아닐까.

인터넷으로 남녀관계에 대한 조언을 찾아보다가 테드 톡스의 한 동영상을 보고 답을 찾았다. 머리숱이 굉장히 많고 다혈질로 보이는 트레이시 맥밀런(Tracy McMillan)의 강의 요지는 이것이었다.

자기 자신과 결혼하라.

먼저 진정으로 자기 자신을 사랑하고, 자신과의 결혼 서약을 지켜보라는 것이다. 젊을 때나 늙을 때나 건강하거나 아프거나 어떤 힘든 상황 속에서도 '나는 나를 사랑하겠다'는 서약을 지킬 수 있는 사람만이 다른 사람도 진정으로 사랑할 수 있다는 것이다.

외로움을 달래려 상대에게 의지하기 이전에,
있는 그대로 나 자신을 사랑한다면
고독 때문에 구차한 관계를 지속할 이유도 사라진다.

약간의 깨달음과 감명을 받고, 나 자신과 결혼하는 상

상을 해봤다.
상상만으로도…… 너무 싫잖아? 싫어. 나 같은 여자랑 결혼을 왜 함? 쉽게 외로워하고, 늘 공감을 구하며 징징대고, 혼자서 아무것도 못 하는 여자랑 귀찮게 결혼을 왜 해?

아하!
그럼 스스로도 결혼하고 싶은 여자로 씩씩하게 성장하면 되지 않을까? 내가 내게 청혼하고 싶을 만큼.

지금은 서하가 있고 또 엄마, 아빠, 먼지……, 이렇게 가족이 있어 옛날만큼 외롭지 않지만 인간은 누구나 혼자이고 고독한 존재다. 그 고독감을 어떻게 극복하면 좋을까. 어쩌면 지금이 그런 상황에 대처할 수 있는 마음과 태도를 만들어둘 최적의 기회인지도 모른다. 섹스, 연애로 달려가기보다 나를 회복하고 보전하는 방법을 터득하는 시간.
혼자서 늘 행복한 인간은 없겠지만, 꾸준히 관심사를 늘려가고, 가슴 뛰는 일들을 찾고, 그래서 언젠가 내가 내게 "나와 결혼해주겠소?" 하고 말할 수 있게 될 때까지의, 슬프고 웃긴 수련의 장.

결혼생활을 유지하고 있었어도 마찬가지다. 어차피 누

구나 독거노인이 된다. 임종의 순간, 대가족에 둘러싸여 "좋은 인생이었다. 유산은 사이좋게 나눠라"라고 말할 수 있는 사람이 몇이나 될까. 내가 고독사할 것이라는 상황을 전제로 하는 이야기가 아니라, 우리 세대가 공통으로 안고 있는 과제가 그렇지 않은가.
섹스 파트너를 찾다가 심지 굳센 독거노인이 되자는 결심까지 오다니, 참 어지러운 미로를 통과했다.

지난주, 홀로 홍대 거리를 걸으며 생각했다.
'진작 이렇게 살걸, 이리 홀가분하고 편한데.'
남자와 과거에 매이지 않는 나. 당당하고 즐거운 나. 정말 사랑스럽지 않은가! 당장 나 자신과 섹스하고 싶을 정도로 팔팔하다.
성욕이 돌아오지 않는 심리 상태는 전문가의 소견을 구해봐야 하나 싶지만, 꿈에 나타난 그림자와 적절한 애무를 했으니 시간이 지나면 성욕도 파도가 밀려오듯 나를 적셔주리라 믿는다.
서하 엄마가 아닌 에로틱한 무드의 정새난슬로 재탄생하고, 사랑할 만한 남자를 만나 첫 섹스를 하게 된다면 친구들에게 문자를 날리리라.

좌하하하하하하!!!!!!!

남자와 과거에 매이지 않는 나.
당당하고 즐거운 나.
시간이 지나면 파도가 밀려오듯
성욕이 나를 적셔주리라.

새난슬, 최초의 정새난슬

"정새난슬요."

"정세란세…… 고객님?"

"아뇨, 하하. 정! 새! 난! 슬! 입니다."

"아! 정세란설 님 맞으십니까?"

"아니요……. 새롭다 할 때 새 자고요……."

"예, 알겠습니다."

"네에……."

테이크아웃전문점에서 줄을 서서 주문을 하고 식사가 나오길 기다렸다. 특이한 이름 때문에 늘 이런 식이니, 정말 가명이 필요하다.

정유미, 정소연, 정지은…….

어떤 이름이 좋을까 생각해본다. 정수진이란 이름도 나쁘지 않을 것 같다. 피부가 하얗고 빨간색 코트가 잘 어울리는 여자가 떠오른다. 나와 너무 다른 느낌이라 가끔 정수진이란 이름으로 불리는 것도 나쁘지 않겠다 생각하는데 때마침 내 이름이 불렸다.

"정새난술 고객님, 주문하신 햄버그스테이크 나왔습니다."

"네……. 근데 제 이름은……; 아니에요. 감사합니다."

구차하게 설명하려다 그만둔다. 바쁜 사람 붙잡고 정확한 이름 알려줘봐야 소용없다. 내 이름이 뭐 그리 중요하다고.

그렇게 '정새난술' 고객님은 따뜻한 점심을 포장해 도

망치듯 빠져나간다. 줄을 선 사람 중 몇몇이 이런 눈빛을 보낸다.
아이고, 부모가 얼마나 술을 좋아했으면 자식 이름을 난술이라 지었을꼬.

처음 만나는 사람 대부분이 내 이름을 듣고 "정말 특이한 이름이네요. 잊을 수가 없겠어요" 말한다. 그리고 며칠 뒤에 다시 만나면 "정새슬 씨 잘 지내셨어요?" 하고 다양하게 변형한, 새로운 버전의 이름들로 나를 불러준다.
정새슬. 쇠사슬 이미지가 강하지만 나쁜 이름은 아니다. 단지 내 이름이 아니라서 그렇지.

정새난슬.
새로 태어난 슬기로운 아이.
내 이름의 뜻은 새로 태어난 슬기로운 아이다.

2016년 서른여섯 살이 된 여성의 이름 뜻풀이가 '아이'로 마무리되다니.
민망하기 시작한 것은 20대 중반부터였던 것 같다. 타고난 노안이라 사춘기 이후 단 한 번도 '아이'로 보인 적이 없었는데, 그 뜻이 워낙 맑고 예뻐 이름이 부담스러웠다.
내가 어디를 봐서 슬기로운 아이란 말인가. 차라리 윤회설을 차용해 '제가 전생에 악인이었으나 업보를 씻고자 다시, 새롭게, 태어났수다'라든지, 인디언 버전으로 '사슴 사냥을 나갔다가 목이 부러져 잠시 죽었다가 새로 태어나 슬기로워졌답니다. 그 뒤로는 사슴의 말을 알아듣게 됐고, 부족 모두가 저를 새로 태어난 슬기로운 아이라고 부르죠'라면 모를까.

이름이 길다 보니 나를 어떻게 부르냐에 따라 상대와의 친밀도도 알 수 있다. '새난슬'이라고 부를 경우, 성까지 붙여서 부르는 듯 거리감이 느껴지는데 그 거리감을 선호하는 사람들도 있는 것 같다. 일종의 예의랄까. "새난슬 씨" 하고 불리면 단단히 봉해진 봉투에 든 이름을 건네받는 느낌이다. 아주 예의 바르게 대답해야 할 것 같다.

'난슬 씨'가 그나마 친한 사람들 사이에서 제일 많이 불리는 이름이다. 애인들도 나를 "난슬아" 하고 불렀다.

가장 가까운 사람들, 가족 혹은 나와 정말 친해지고 싶은 사람들은 '슬이'라고 부른다. 네 자나 되는 이름에서 마지막 글자만. 마치 내 이름이 외자인 것처럼.

"슬아."

떠올려보면 나를 가장 사랑했던 옛 애인은 나를 '슬이'라고 불렀다. 피가 섞인 가족이나 친척처럼, 다정하고 간지러운 애칭으로 "슬아, 뭐 하고 있니?" 하고. 짧아진 이름만큼 내게 더 가까워졌다는 듯이.

비닐봉투를 헤치고 햄버그스테이크 냄새를 맡으며 다시 식당 대기자 리스트에 올릴 가명을 골라본다. 정미라, 정지민, 정주연……. 평범한 이름을 고르고 싶어 하나하나 떠올리는데 묘하게 각기 분위기가 다르다. 불리는 이름이 달라지면 내 행동거지도 달라질 것 같다.

초등학교 때 새로운 반에 배정받고 나면 선생님이 출석부를 보고 모두의 이름을 불렀다. 내 이름이 호명되면 나는 힘차게 "네!" 하고 대답했다. 그때마다 반 아이들이 나를 쳐다보며 '뭐야? 그게 이름이야?' 호기심을 나타내면 '내가 이렇게 특이한 존재야, 알겠냐?' 하고 제법 거만한 표정을 지었다. 그것이 나르시시즘, 자의식과잉의 시초가 아니었나 싶다.
순수 한글! 고운 이름이라고! 나는 최초의 정새난슬이라고! 나는 달라!

그런 과정을 거치며, 흔히 난치병이라 하는 중2병에 시달리기도 했다. 이름만 특이했지, 내 영혼은 유별나게 독특하거나 뛰어나게 아름답지 않아 괴로웠다.

그래도 이름 덕에 질문받는 데 익숙하고, 나 자신을 설명하는 일에 주춤거리지 않고, 다양한 이름으로 불리는 것에조차 거부감을 느끼지 않는다. 자연스럽게 말 많고 다중적인 인간으로 성장한 것이다.

나 말고도 '새난슬'들이 무수히 많다는 사실을 알았을 때의 충격이란!
정새난슬은 한국에서 나 하나라고 굳게 믿어왔기에 놀랐는지도 모르겠다. 내 이름은 나 자신을 유연하고 다중적인 존재로 이해하게 해줬지만, 그런 태도를 가질 수 있게 만든 마음 깊숙한 곳에는 아무도 나의 '독보적인 특성'을 빼앗아 갈 수 없다는 오만함이 자리 잡고 있었던 것이다. 유일한 정새난슬이 될 수 없는 현실은 결코 쉽게 받아들일 수 있는 것이 아니었다. (게다가 다른 새난슬들은 나보다 한참 어리기까지 하다!)

맨 처음 다른 정새난슬을 발견했을 때 내 솔직한 심정은 '용납 못 해'였다. 마치 내 영혼의 일부를 소매치기 당한 기분. 특이한 이름 때문에 겪은 일과 사유를 도둑맞은 기분. 독특한 레시피 개발에 겨우 성공해 초상화 넣은 간판까지 만들었는데, 여기저기 원조 이름 붙은 정새난슬 먹거리 골목에 당도한 기분. 그 당황스러움이라니.

정새난슬들을 하나하나 찾아보기도 했다. 싸이월드나 페이스북……. 세상 모든 새난슬들이 어떤 모습으로 살고 있나. 그러자…….
식당 대기자 리스트에 올릴 만한 쉽고 흔한 가명을 떠올렸을 때 각각의 이름이 가진 이미지가 다르다고 생각했던 것처럼, 같은 이름이라도 각자 삶의 궤적이나 성향에 따라 색과 리듬이 달랐다. 그 이름의 주인에 따라 제각각 다른 동작으로 춤추고 이야기하며 불리고 있었다.

정새난슬보다 더 발음하기 쉽고 흔한 이름이라도, 그 이름을 압도하는 고유함을 가진 사람들이 얼마나 많은가. 당연한 일 아닌가.
그럼에도 불구하고 여전히 궁금하다. 늘 한 가지 이름으로 불리는 사람들은 과연 어떤 기분일까? 그 누구도 자신의 이름에 의문을 갖지 않고, 거듭 묻지도 않고, 이름이 불리는 순간 사람들이 쳐다보지도 않는 상황이 자연스러운 이들.
그런 자신의 이름에 새로운 성격을 부여하며 사는 이들도 있지만, 실명보다 가명이나 별명으로 불리길 선호하는 이들도 있지 않은가. 주어진 이름이 싫어서, 몸에 맞지 않는 옷을 갈아입듯 다른 이름을 품에 안고자 개명하는 사람들. 자신의 개성을 나타내지도 못하고, 불리는 이름과 진정한 자신 사이에서 아무런 일치감도 느끼지 못하기에 그들은 가족이 준 이름을 뒤로하고 새로운 이름을 짓는 것이 아닐까.
무엇으로 불린다는 것은, 이름은, 사실 우리가 생각하는 것보다 더 큰 의미와 기능이 있지 않을까. 주어진 이름이 부여하는 고정된 이미지. 그것 역시 어떤 식으로든 한 사람의 성향과 삶에 큰 영향을 주고 있지 않을까.

최초의 정새난슬이란 자만심, 내 이름에 부여한 환상이 깨진 것은 어쩌면 다행이다. 나란 인간의 실존보다 이름의 영향력이 더 강력하다고 느끼고 살아왔다니. 나야말로 내 이름으로부터 해방돼야 한다. 그래서 요즘은 이렇게 중얼거린다.
"어휴, 이름이 독특하면 뭐 하냐고……. 길고 발음도 어렵고 게다가 실용적이지가 않잖아!"
이제는 나를 어떻게 부르건 별로 신경 쓰지 않는다. 내 이름이 불린다는 것 자체가 기분 좋은 일이다. 누군가의 육성에 실려 내게 전해지는 이름. 가던 길을 멈추고 뒤를 돌아보게 하는 나의 이름.

기회가 된다면 다른 정새난슬들에게 묻고 싶다.
"당신들도 정새난새, 정새난술, 정세란슬로 불린 적 있죠? 그죠?"
언젠가 전국 '새난슬 모임'이 열린다면 우리는 너 나 할 것 없이 잘못 불린 우리의 이름에 대해 이야기하며 '단번에 효과적으로 이름 전달하는 방법'을 고민할 것이다.

정새난슬, 새난슬, 난슬, 슬…….

문신이라니, 저래서 시집이나 가겠니

나는 '주류 문화를 즐기는 상식적인 사람들'이 쉽게 수긍하지 못하는 취향을 가졌다.

문신을 좋아한다.

종종 문신과 타투가 다르냐고 묻는 사람들이 있다. "문신을 영어로 하면 타투예요"라고 대답하는데, 두 단어가 좀 다른 것도 같다. 사전적인 의미는 같아도 단어가 주는 인상이, 그것들이 쓰여온 방식이 주는 뉘앙스가 다르다. 특히 문신이란 말은 낙인이라는 의미도 포함된 듯 더 무겁다. 그래도 같은 의미의 두 단어를 모두 사용하려 한다. 그게 한국의 현실이므로.

이 취향이 대단한 역경은 아니다. 이미 다른 사회와 시장에서 타투는 잘 팔리는 문화 코드다. 비주류에서 주류 근방까지 젖어 들었다.
하지만 한국에서는 아직 타투를 터부시하는 경향이 있다. 문신에 대한 부정적인 견해를 단단히 붙든 이들이 내게 적개심을 드러낼 때도 있다. 문신을 당당히 내놓고 길을 걷다 보면 가지각색의 시선과 수군거림을 경험하게 된다. 보는 이들의 혐오도에 따라 수군거림의 데시벨이 높아지게 마련인데, 내가 들은 우려의 목소리 베스트 3는 이렇다.

타투는 내 욕망의 발로다.
이중적이고 강압적인 문화에 대한 저항이다.

그나 나나 똑같이 문신이 많은데,
따가운 시선을 견뎌야 하는 것은 언제나 나뿐이었다.

3위 : 완전 미친 거 아냐?

2위 : 쯧쯧쯧……

　　(너무 광범위하게 부정적인 의미를 내포해 더 폭력적이다.)

1위 : 저래서 어디 시집이나 가겠니?

사람들의 암묵적인 비난이나 놀람을 몰라서 문신을 드러내고 다닌다면 거짓말이다. 일부러 타투가 보이는 옷을 입고 다니는 이유가 있다. 50퍼센트 정도는 속물적인 과시욕, 30퍼센트는 계절상, 나머지 20퍼센트는 편견에 반항하고 '한국에도 이런 사람 있음'을 보여주고 싶어서다. 나의 유일한 정치적인 문화활'똥'으로써 말이다.

그래서 어지간한 눈초리는 조용히 참아내는 편이다. 질타받을 줄 알고 한 선택이니 저런 '인종차별적' 발언은 신경 쓰지 말자고 스스로를 다독인다. 개성이랍시고 문신을 할 정도의 여자니 제대로 까졌겠지 싶어 던지는 성희롱들, 모두 상대하다간 끝이 없겠다 싶어 입 다물고 넘어간 적도 많다.

하지만 "저래서 시집이나 가겠니?"란 말은 뇌리에서 쉽게 사라지지 않았다. 딱히 모욕적이거나 정말 결혼을 못 할까 봐 두려워져서가 아니었다. 타투가 많은 옛 애인을 보며 "저래서 장가가겠니?"라고 직접적으로 표현한 사람을 단 한 명도 보지 못했기 때문이다. 좀 더 생각해보니 사람들은 그에게 잠시 의문스러운 눈빛을 던지거나 오히려 불편해하며 시선을 피했지, 어느 누구도 공격적이고 일방적인 의사를 표현한 경우가 없었다.

그나 나나 똑같이 문신이 많았는데, 더 시끄러운 시선을 견뎌내야 하는 쪽은 언제나 나였다. 손가락질이나 육성 악플을 참아야 하는 것도 나였다. 도발적인 뱀 문신. 사이즈가 큰 것도 이유겠지만 사람들이 내게만 유독 눈살을 찌푸리는 이유는 명확했다. 내가 문신한 '여자'이기 때문이었다.

서하를 낳고 육아 관련 인터넷카페를 기웃거리다 타투에 관한 게시물을 읽게 됐다. 나처럼 타투를 한 엄마가 또 있는가 싶어 아예 작정하고 검색해봤다.
"허리에 큰 타투가 있는데 시댁에서 알까 봐 겁난다"
"임신하고 나니 어릴 적 했던 타투가 후회된다" 등등.
대체로 본인이 느끼는 감상이 아니라 주변 시선, 통념에 시달리며 적은 하소연이었다.
하기야 우리가 남의 시선, 그것에 언제는 자유로웠던가. 타투를 받은 이유도, 지우고 싶은 이유도 다 그 시선들 때문이다. 남편, 아이, 시댁, 어린이집 선생님, 목욕탕 아주머니들……. 살면서 마주치는 수도 없는 시선들.

그래도 아이가 자랄수록 자신의 타투가 부끄러워진다는 글은 정말 안타까웠다. 그 엄마가 딱히 줏대 없거나 심약해서 그런 생각을 하는 것은 아닐 것이다. 자신이 한 선택에 대해 심지 굳건한 사람도 지속적으로 사회적 압력, 뜨거운 시선을 받다 보면 피로감을 느끼고 후회 아닌 후회를 할 수도 있다. 자신에게 쏟아지는 부정적인 눈빛은 참아도, 아이에게만은 불필요한 관심을 받게 하고 싶지 않은 것이 엄마의 마음인 듯싶다.

그런데 아이 엄마가 미혼 시절 선택을 후회할 정도로 압박감을 느끼는 데 비해 아빠는 어떨까?
과연 그들도 엄마들만큼이나 사람들의 시선을 두려워할까?
똑같이 서브컬처에 애정을 표시하고 몸에 그림을 그려 넣었어도 마주치는 현실은 다르지 않을까?

일반적으로 남자의 현시욕이나 허세, 젊은 날의 실수 등은 로망으로 여겨진다. 사람들은 남자의 문신을 한때의 반항과 치기라고 여기며 상대적으로 쉽게 용인한다. 참한 여자 만나서 장가가면 정신 차리겠지 하면서.
문신은 조폭이나 하는 것이라는 편견 때문인지 쉽게 시비를 걸지 않는다. 물리적으로 우위일 것 같은 남자에게 갑자기 침을 뱉는다든가(다시 말해 나를 향해 가래침을 뱉은

아저씨는 있었다) 욕설을 지껄이는 경우는 드물다.

그러나 여자의 경우는 다르다. 그들은 문신한 여자를 결함 있는 상품으로 본다. 결혼 전에 들었던 "저래서 시집가겠니?"라는 말은 시댁에 용인되지 못할 여자, 나이 들면 결혼하고 가정이란 테두리 안에 정착하는 것이 당연한 사회에 살면서 그 절차에 관심 없거나 낙오한 것으로 보이는 처자에게 던지는 딱딱한 적개심이었다. 소싯적 놀았어도 결혼적령기가 되면 옅은 화장에 '호호' 웃는 것이 미덕인데, 짙은 화장을 하고 '하하' 웃으며 문신까지 한 여자가 얼마나 거슬렸을까.

"저래서 시집가겠니?"
- 혈기왕성 불량한 여자
"애 엄마가 어쩜 저래?"
- 켕기는 과거가 있을 듯한 애 엄마
"문신 봐, 한 성격 하겠다?"
- 그러니까 이혼했지, 이혼녀

가끔 야한 옷을 입거나 타투를 드러내는 등 보편적 미적 기준에서 벗어난 차림으로 나의 욕망을 표현할 때는 주류 문화에 '쩔어' 있는 보수적인 집단의 동의를 구하고자 함이 아니

다. 그렇다고 내가 문화적으로 우월하다거나 타인의 시선에서 자유로운 순결한 사람이라고 착각하고 있는 것도 아니다.

내 문화 취향과 소비 패턴 역시 지극히 세속적이다. 스스로를 표현하고자 하는 과시욕과 허영에서 생겨났다. 내가 만들어낸 외형, 사회적인 페르소나는 어릴 적부터 동경하던 여자들에 대한, 주로 반항적인 이미지의 축적에 근거해 만들어졌다. 어디까지나 내 욕망에 솔직한 결과였고, 동시에 여성들에게 들이미는 이중잣대에 순응하는 이미지와 거리가 멀었다. 은근히 남심을 흔드는 청초한 여성보다 내가 끝내준다고 생각하는 과감한 여성의 스타일을 선망했고, 유혹당하는 쪽보다 유혹자, 도발자처럼 보이는 것이 좋았다. 꾸미지 않은 순수함을 표방하기보다 어깨를 펴고 '음기롭게' 건방지게 걷는 강인한 여성으로 보이며 살고 싶었다.

그러나 내 나름의 멋을 부렸다고,
이번 생에 쓰다 갈 그릇에 무늬를 넣었다는 이유로
경험한 폭력적인 발언과 시선,
그것들은 내게 일종의 정치적인 입장을 갖게 만들었다.

대중매체는 팜파탈에 대한 이미지를 소비하고, 젊은 여성들의 성을 직간접적으로 팔며 자본으로 격려한다. 그러면서 정작 개인이 성적·문화적 주체로 나서서 자신을 정의하고 표현하려 들면 정색을 한다. 특히나 급진적이고 그들이 제시하는 프레임에서 벗어난 경우에는 쉽게 비난하고, 심지어 위협받는다고 느낀다. 젊은 여성이 문신을 새기는 일 자체를 장차 어머니가 될 몸을 훼손하는 행위로 여긴다. 결혼정보회사에서 유학 다녀온 여자들의 점수를 깎듯이, 여성 각자가 선택한 몸 위의 그림들을 일종의 낙인으로만 읽는다. 문화로서, 지향하는 라이프스타일로서 타투라는 개념은 아직 우리 사회에 설득력 없는 양아치들의 이야기다. 그러니 문신한 여성은 지당한 말씀과 염려, 상식적인 비난의 쉬운 표적이 된다.

물론 타투를 한 모든 여자들이 나 같은 것은 아니다. 저마다 문신한 이유도 다르고, 사람들의 반응을 소화하는 방식도 다르다. 예민하게 굴지 않고 쑥덕거림에 신경 쓰지 않는 쿨함의 정점에서 살아가는 여성도 많다. 내가 부족해서인지 몰라도, 나는 사람들이 가진 통념이 불편하고 부당하다고 여긴다. 노는 여자란 낙인, 자학적인 반항이란 뻔한 고정관념을 밀어내기 위해, '나의 선택'에 자신감을 갖기 위해, 타투나 다른 하위문화로 일컬어지는 것들에 지속적인 관심을 쏟는다. 문화적인 맥락 안에서 나의 위치, 여성으로서의 입장을 파악하고 싶다.

색안경 쓴 사람들의 시시껄렁한 조롱에 "개성이자 나 욤" 하고 혀짤배기소리 내고 '핑!' 돌아서지 않기 위해 내가 품을 수 있는 단어를 부지런히 모아야 한다.

비록 이혼했으나 "문신 많아서 시집이나 가겠니?"란 소리를 듣던 여자는 결혼했고, 이제 한 아이의 엄마가 됐다. 타투 있는 엄마로 살아가는 것에는 또 어떤 찌푸림과 편견이 따라올지 모르겠다. 그렇지만 예전과 다르게 나는 준비가 돼 있다. 침묵하지 않고 사람들에게 다가가 이야기할 것이다.

"나 역시 특이한 취향을 가진
당신의 평범한 이웃일 뿐이랍니다."

나의 타투까지 사랑해주는 사람들

"저도 타투 받고 싶은데 부모님이 싫어하셔서요."
이따금 이렇게 말하는 사람을 만난다. 내 타투들을 한 번 훑어보고 우호적인 흥미를 나타내는 것이다. 자신은 문신한 사람에 대한 반감이 없으며, 나라는 인물을 잘 소화하고 있음을 알려주는 사교적인 대화의 시작이다. 그리고 진심이 섞인 작은 고백이기도 하다. 그래서 나도 솔직히 말해준다.
"저도 처음 타투 받았을 때는 부모님이 엄청 싫어하셨어요."

나는 스물여섯 살 때 첫 타투를 받았다.
'Fire Walk With Me.'
데이비드 린치가 연출한 드라마 〈트윈픽스〉의 영화판 부제이자 죽은 소녀의 일기장 속 글귀를 허리에 새겼다. 영화에서 해석되는 의미보다 내가 받아들이고 재해석한 이미지를 몸에 갖고 싶었다.

옷으로 가려져서 잘 보이지 않았지만 굳이 부모님께 숨겨야 할 이유를 느끼지 못했고, 허리에 타투를 받았노라고 담백하게 털어놨다. 그렇게 내 문신의 존재를 알린 결과는 "우리가 서로를 이해할 때까지 시간을 두고 만나지 말자"였다. 물론 그렇게 이야기하고 일주일 만에 만났으니 우리 부모님이 다른 집에 비해 보수적인 편은 아니었다.
그러나 아무리 긴 대화를 해도 결론은 늘 "우리는 괜찮지만 다른 사람들이 너를 어떻게 보겠니"였다.

타투 자체에 대한 거부감보다 사람들의 편견이 걱정된다는, 나를 알기도 전에 나를 오해할까 봐 속상하다는 말. 부모님의 걱정을 이해하면서도 나는 문신 새기는 일을 멈추지 않았다.
어쩌면 반대하면 반대할수록 더 받고 싶었는지도 모르겠다. 안전한 삶을 추구하는 성향, 내 멍청한 계급성, 참한 여성에 관한 관념……. 당시의 나는 배반하고 버리고 싶은 것들이 많았다.
솔직하게 말하자면 타투가 너무 좋았고 계속해서 '멋'을 내고 싶었다. 금기되고 인상 찌푸리게 만드는 문화에 대해 더 알고 싶었다. 문신의 역사는 어떤지, 외국에서는 타투를 어떻게 생각하는지, 한국과 얼마나 다른지. 장르별로 분화되고 발전하는 수많은 타투 도안들, 숨겨진 기호들, 문신한 사람들 각자의 사연까지도.

시간이 흐르자 부모님도 타투를 긍정적으로 받아들이게 됐다. 주변 뮤지션들이 타투 받은 것도 보고, 내가 부지런히 타투의 역사나 의미에 대한 글을 찾아 메일로 보내기도 했다.
'이해'보다는 '타협'에 가깝다고 느꼈지만 나름 큰 변화였다. 내 문신들이 젊은 날의 실수가 아니라는 점, 나라는 인물의 정체성에 깊숙이 관련됐음을 포기하지 않고 설명한 결과였다.

다른 사람들이 뭐라든, 내가 선택한 그림들은 몸 위에서 수를 늘려갔고 나는 아무것도 부끄럽지 않았다.

우리 가족은 나를 오해하지 않는다, 내 선택을 부정하지 않는다는 자신감도 생겼다. 당시 내 머릿속의 나는 여전사였으며, 신여성 중에 제일가는 신여성이었다. 전남편을 만나 사랑에 빠지고 결혼을 준비하기 전까지, 나는 나 혼자 깨인 의식을 가진 양 으스대며 살 수 있었다.

참 깜짝한 착각이었다. 전남편이 그의 부모님에게 결혼 이야기를 꺼냈다는 것을 알고 내가 제일 먼저 한 말은 이거였다.
"나 타투 많은 거 아셔? 아셔? 말했어?"
신여성 어디 갔는가…….
우리 가족에게 그토록 당당하던 나도 남편 될 사람의 가족에게는 무방비 상태였다. 내가 사랑하는 남자, 그를 사랑하는 그의 가족들에게 미움받고 싶지 않았다. 함께하고 싶은, 인정받고 싶은 욕망이 나를 나약하게 만들었다.
갑자기 타투가 싫어지거나 부끄러워진 것이 아니었다. 일등 며느릿감으로 보이고 싶은 것도 아니었다. 그저 우리가 서로를 자연스럽게 받아들였듯 그의 가족도 그랬으면 좋겠다는 소망, 축하받고 사랑받는 한 쌍이 됐으면 좋겠다는 희망이 마음속에서 점점 커져갔다. 집안의 반대, 긴 투쟁 없이 온화하게 하나가 되는 것.

전남편도 마찬가지였다. 그래서 우리는 한여름에 목폴라와 긴소매로 위장하고 홍대를 벗어나 각자의 둥지를 방문했다. 가릴 것이냐 말 것이냐 고민하다 결국 적절하게 가린 채 서로의 가족을 만난 것이다. 최소한의 예의를 표현하기 위한 복장으로 어색하게 서로의 손을 잡고.

만나기 전에는 일어나지도 않은 일들에 대해 소심하게 걱정하며 앞으로 뛰어넘어야 할 허들을 세어보고 있었는데, 우려와 다르게 그의 부모님은 참으로 다정했다. 우리 부모님과 마찬가지로 세간의 시선에 자식들이 상처받을까 걱정하고, 고집 센 자식의 선택에 고민하는 어머니, 아버지였다.

"저희 아이들 둘 다 참 특이하네요."
관대하고 여유로운 분위기에서 진행된 상견례.
"저희 아이가 타투가 많습니다."
"저희 딸도 많습니다."
서로 다 아는 사실을 웃으며 이야기하고 함께 식사를 했다.

양가 부모님들은 우리가 타투를 한 이유나 그 문화를 완벽히 이해하거나 흡수하고 있지는 않았다. 그러나 자신의 자식을, 누구보다 잘 이해하고 싶어 하는 분들이었다. 그것만으로도 충분했다.

우리가 필요하다고 느낀 것은 '허락'보다 '인정'이었다.

그렇게 별다른 어려움 없이 떠들썩하게 결혼을 준비할 수 있었다.
'사랑하는 사람들이 우리의 결합을 기뻐한다.'
내가 원한 것, 그가 원한 것. 부모님들의 미소를 얻어낸 뒤에 우리가 주력한 것은 결혼을 통해 '있는 그대로의 우리 보여주기'였다.
더 이상 가릴 것이냐 보여줄 것이냐 하는 고민은 하지 않았고, 우리 방식대로 사랑을 유세하고 선포했다. 부모님들의 부드러운 체념과 깊숙한 애정을 알기에 감사한 마음으로 축제를 열 수 있었다.

아무리 가족이라도 서로를 완벽하게 이해하는 것은 불가능하다. 끊임없이 서로를 설득해야 하고, 있는 그대로 이해받아야 한다는 것 역시 강박일지도 모른다.
"타투는 근사한 서브컬처인데 왜 그걸 모르세요?"
자식 걱정하는 부모 앞에서 이보다 바보 같은 말이 또 있을까.
사람은 누구나 자신이 믿어온 가치나 세계관이 도전받으면 불안해한다. 아이들이 택한 새로운 삶의 방식, 가치. 부모에게는 낯설고 어려운 이야기다. 그래서 그들은 때때로 침묵한다. 말 안 듣는 자식에 대한 형벌로써 입을 다무는 것이 아니다. 언급을 회피함으로써 두 세계를 온전히 지켜내고자 하는 것이다.

다툼과 반목, 서로가 얼마나 다른지 확인한 뒤에 사랑하는 사람에게 해줄 수 있는 배려로서의 침묵. 그 침묵을 넘어선 뒤에야 진짜 대화를 하게 된다.
설복하기 위한 말들이 아닌 진심 어린 말들, 수면 위에 떠다닌 날카로운 단어들 안에 어떤 심정이 녹아 있었는가에 대해 이야기한다.

모르겠다. 우리가 그저 운이 좋아 따뜻하게 품어주는 가족과 함께인 것지도 모른다. 폭언을 주고받는, 상처투성이 가족들도 분명히 있다. 타투라는 형태로 드러난 자식의 다름을 포용하는 것은 어쩌면 다른 개성들을 이해하는 것보다 쉬운 일일 수도 있다. 성적 정체성, 정치색, 종교……. 더 다른 선택들로 가족과 대립하는 사람들에게 내 이야기는 사치스럽게 들릴 것이다.

그래도 이 정도는 말할 수 있다. 내가 결혼이란 과정을 통해 얻은 깨달음이란 이런 것이다. 기세등등 오만하던 나도 사랑하는 사람들, 사랑받고 싶은 사람들 앞에서는 한없이 나약해졌다. 똑똑한 척 내뱉던 말들과 자기방어기제도 모두 사라졌다.

뻔하고 상투적인 두려움을 안은 여자가 됐던 경험은 내 자존감을 망가뜨린 것이 아니라 다른 사람들을 더 이해할 수 있도록 만들었다. 예전 같으면 타투를 숨기고 결혼하는 사람들을 비겁하다고 생각했겠지만, 지금은 안다. 타투가 부끄러워 가린 것이 아니다. 어머니, 아버지가 기억하는 그들의 모습, 낯설지 않은 모습으로 잠시 돌아간 것이다.

가족이라는 이름으로 묶였어도 각자의 색은 너무나 다르다. 물들이려 노력하지만 쉽지 않다. *비슷한 색이 아니더라도, 함께 있어 빛나는 것만으로도 훌륭하다.* 애정 섞인 체념과 타협, 배려로 단단해지는 무지개 같은 가족, 색다른 공동체.

이혼한 지금, 전남편의 가족들을 떠올리니 참으로 애달프다. 우리의 결합을 순수하게 축복해준 분들. 결혼을 결심했던 마음 그대로, 사랑했던 날들의 맹세를 지키며 전남편과 살아갔더라면 우리는 어떤 모습일까.

문화적인 다양성을 추구한다던 두 사람이 내면의 다름을 다루지 못하고 헤어져 가족에게 미안하다. 하지만 결혼으로 깨닫게 된 것들이 있듯이 이혼으로 얻은 것들이 있기에 과거는 탈탈 털어낸다.

신혼여행에서 돌아온 다음 날, 전남편이 결혼반지 대신 해준 타투 옆에 새로운 타투들을 새겨 넣었다. 한때 결혼한 여성임을 상징했던 다이아몬드 타투는 이제 손가락 타투들 중 하나로 남았다. 멋대로 번지고 군데군데 지워진 손 위의 문신들을 보며, 나는 '참 나답다'란 생각을 한다.

나는 페미니스트가……

전남편의 공연이 끝나고 밴드 멤버들과 밥을 먹으며 이런저런 이야기를 하던 중이었다. 갑자기 그가 변했다는 이야기가 나왔다.
"가끔 난슬이의 충고를 받아들이는 걸 보면 페미니스트라도 된 것 같아."
농담 반 진담 반으로 그의 마초성이 아직도 건재한지 쿡쿡 찔러보는 질문에 전남편은 남자들 사이의 긴장감을 의식하고, 자신이 남성으로서의 권위는 잃지 않았으되 좀 더 유연해졌다는 식으로 "남자가 져주는 게 낫지. 다 사랑하니까 그런 거야"라고 웃으며 대꾸했다. 비슷한 맥락의 대화가 조금 이어지다가 불똥이 내게 튀었다.

"야! 너 페미니스트냐?"

진지하지 않은 자리에서 긴말 늘어놓고 싶지 않아 일단 "아니"라고 대답하고 오징어볶음이나 열심히 먹었다. 그 어떤 말을 하더라도 페미니즘 자체를 곡해하고, '김치녀' '스시녀' '된장녀' 같은 일베 스타일 네이밍에 환호하는 녀석에게 '꼴페미' 소리를 들을 것이 뻔했다. 그저 민감한 분위기를 모면하고 싶었다.

사실 나 자신도 내가 페미니스트인지 헷갈렸다. 정치 이야기를 심각하게 하던 사람이 마지막에는 "난 진짜 정치적인 사람은 아니야"로 얼버무리듯, 여자들도 자신이 사회로부터 느끼는 부당함, 성차별에 대한 분노를 토로하다가 "난 페미니스트는 아니야"로 이야기를 마무리한다. 정체성이 규정된다는 것에 대한 두려움과 까다롭고 비판적인 사람으로 보이고 싶지 않은 마음, 그리고 가장 결정적으로 자신이 느끼는 부조리함이 이성적이거나 이론적으로 견고하지 못하다는 생각에서 오는 자신감 결여 때문에 그런 말을 덧붙이는 것이다.

"나는 페미스트스트야"라고 '선언'하면 당장이라도 지인들에게 취조당할 듯한 분위기, 페미니스트 대표로서 내가 관심 가지지 못한 다른 여성 문제, 나 자신의 모순을 낱낱이 지적당하며 비웃음을 살 것 같다. "개인적인 것이 정치적인 것이다"라는 유명한 한 문장만으로는, 남성 중심적 사고가 정상이라고 생각하는 무리를 당할 도리가 없다.

그래서 나도 개인적으로 겪은 성희롱, 차별에 대한 분노를 배설하듯 쏟아낼 뿐이었다. 핵심을 찌르는 견해를 펼친다거나 유식한 말로 문제의 근원이 뭔지 설명할 자신이 없었다. 내가 느끼는 감정들은, 사고의 결과들은 페미니즘에 속하지만 그런 말로 나를 정의하기에는 '자격이 불충분하지 않을까?' 하는 고민이 있었다.

또 남성 중심의 사회에 길들여진 내 안의 모순들은 어찌할 것인가. 자칭 페미니스트라고 해놓고 오히려 그 이름을 배반하는 사람이 된다면?

내가 타투 있는 여성에 대한 사회적 편견에 대해 떠들며, 마이너 지향적인 삶의 태도와 선택을 존중하라고 입바른 소리를 하고 다녀도, 사실 내 속 깊은 곳에서는 사회적 통념과 대중매체에 아주 잘 길들여진 꼰대가 살고 있었다.

서하를 임신했을 당시, 3D 초음파 사진을 찍었다. 누구를 닮았나 하고 자세히 살피다가 나도 모르게 "아이고! 코가 크네. 여자는 코가 작아야 예쁜데 코가 커서 어쩌나" 하고, 제대로 찍히지도 않은 사진에 대고 바보 같은 말을 툭 내뱉었다.

솔직히 남자아이면 얼굴은 상관없다고 했을 것이다. 겉모습은 중요하지 않다. 재능과 성품이 더 중요하다. 현명한 엄마처럼 말하고 스스로 뿌듯해했을지도 모른다. 그런데 여자아이니까, 여자로 살아가는 데 있어 아름다움이 갖는 의미가 뭔지 잘 알고, 여성의 외모를 평가하는 남성적인 시선이 내면화돼 아직 태어나지도 않은 아이의 미모를 따진 것이다. 초음파 사진을 보고 외모를 평가하는 것 자체가 어리석은데, 마음속에 숨겨둔 큰 코에 대한 콤플렉스가 얼마나 강했으면 자기검열도 거치지 않은 말들이 튀어나왔을까.

어쩌면 나는 그런 말들로 그냥 '후까시' 잡았던 걸까? 솔직한 나와 대면하고 자아비판 모드에 돌입하자 겁이 났다. 얼마나 일관성 없는 인간인가! 자학의 늪에 빠지기도 전에 마음이 아파왔다.

귀엽게 묶은 머리를 풀어 헤치고 쨱쨱거리며 뛰어노는 서하를 잡는다.
"머리 좀 얌전히 놔둬. 여자애가 왜 그러니?"
입기 싫다는 치마를 억지로 입힌다.
"다른 여자애들도 다 공주처럼 입잖아."
쇼트커트에 맨얼굴, 두꺼운 안경을 쓰고도 생글생글 자신감 넘치는
사춘기 서하에게 말한다.
"넌 왜 그렇게 외모에 신경을 안 쓰니? 머리 좀 길러라."

겉과 속이 다른 내가 억압의 주체가 돼 서하에게 여성스러움을 강요하는 모습. 내 잔소리를 듣고 한참 작아진 서하가 시든 눈빛으로 발끝을 쳐다보는 상상. 곰곰이 생각해보면 반 정도는 내가 겪은 일들이다.

내 안 깊은 곳, 사회와 대중매체가 잘 길들여놓은 꼰대가 산다.

외모에 관심 없던 왈가닥 꼬마.
엄마가 입혀준 공주옷에 어색한 표정을 짓던 꼬마.
"왜 여자애처럼 굴지 않니? 넌 까맣고 목소리가 크고 귀엽지 않아."

남자는 어때야 하고 여자는 어때야 하는지 모르던 시절부터 들어온 말들에 알게 모르게 상처받은 나는 사춘기 시절, 콤플렉스덩어리가 됐다(어쩌면 명랑한 어린이에서 콤플렉스투성이 소녀가 되는 것이 여자들의 흔한 사회화 아닐까). 투박하고 못생긴 손에 봉숭아 물들인 것조차 부끄러워, 선생님이 친구들 손을 칭찬할 때도 자신 있게 양손을 내밀지 못했다.
사람들의 시선이나 평가에 저항하고, 내 입장을 정리할 수 있는 어른이 된 뒤 잊었다고 생각한 기억들이 천천히 다시 떠올랐다.
보통 여자들의 취향과는 다르지만 나 역시 아름다움에 집착하지 않는가. 타투를 더 하고 싶다는 욕망 외에도 날씬한 몸매, 매끈한 피부를 원하지 않는가. 남들의 기준이 아니라 오로지 나 자신의 욕망에 근거한 바람이라 자위하며. 페미니스트냐는 물음에조차 대답을 주저하면서 당대를 지배하는 관점에 굴복하지 않는 가치관을 지녔다고 믿었다니.

이혼하고 나서 평화학자, 페미니스트로 유명한 작가의 강의를 들으러 다녔다. 출산, 육아를 거치며 느낀 부조리함이 내게 또 다른 차원의 의문을 남겼기 때문이다. 아이를 낳기 전에는 여성의 외모에 대한 시선, 섹슈얼리티 등에 관심이 많았다. 전남편과 갈등이 시작된 뒤부터는 가사노동이나 가정 내 감정노동 등 여성의 현실을 구체적으로 체감하게 됐다. 페미니즘책들을 읽고 강사의 마지막 강의를 듣는데 마지막 멘트가 인상적이었다.

명랑한 어린이에서 콤플렉스투성이 소녀가 되는 것, 이것이 여자들의 흔한 사회화 아닐까.

"여러분, 페미니스트라고 아무 데서나 말하지 마세요. 선무당이 사람 잡습니다. 그냥 본인들이 행복해지기 위해 페미니즘적인 관점을 수용하세요."
이 말을 듣고 얼마나 찔렸는지 모른다. 선무당이 사람 잡는다……. 출산 이전의 내가 혹시 그렇게 행동했던 것은 아닐까. 그분이야 농담 삼아 한 말이지만, 과거의 내가 서하 외모를 평가했던 것이나 내 안의 수많은 이중잣대들을 생각하니 뜨끔하고 부끄러웠다.
그렇다고 페미니즘에 대한 관심을 철회하진 않았다. 이혼 후 내가 느낀 감정들을 정리하고, 전남편과 나 사이에서만 일어난 줄 알았던 일들이 가부장적 사회 구조의 가정에서 일상적으로 일어나는 부조리라는 것을 깨달았기 때문이다.

알면 알수록 더 넓어지는 세계, 새로운 인식의 방법,
페미니즘은 내가 설명할 수 없었던 감정들에 이름을 붙여주고 힘을 줬다.

이제는 '감정적인, 신경증적인' 여성이 자신의 의견을 표출할 때 남자들이 흔히 붙이는 수사에도 신경 쓰지 않는다. 내가 부당하다고 느끼는 것, 분노가 문제의식의 시작이다. 예전의 내가 모순투성이 선무당이었다면 지금의 나는 각성 중인 페미니스트에 가깝다. 내 문제들을 개선하고, 내게 가장 맞는 방식으로 내 정체성을, 존재를 드러내기 위해 투쟁하고 싶다. 여성의 색으로 분류되는 뻔뻔하고 화려한 핑크로, 가장 깊은 진실을 알려주는 블랙으로.
물론 페미니스트가 되는 데 성공(?)한다 해도 나는 여전히 짙은 화장에 긴 가짜 속눈썹을 붙이고 다닐 것이다. 나만의 의식을 치르듯 관능적이고 당돌하게.
서하의 코가 크건 작건 전혀 중요하지 않다. 세상 모든 아기들이 그렇듯 서하는 제 모습 그대로 아름답다.

전라도 출신의 일베 기타리스트에게

정말 웃기는 이야기 하나 해줄까? 처음 전남편 공연을 보러 갔을 때 내가 가장 매력을 느낀 사람은 바로 너였어. 삭발에 듬직한 체구, 잉크가 번진 타투들이 있는 네 팔과 박력 있는 목소리. 전남편과는 다른 매력을 가진 너 역시 무대 위에서 멋진 사람이었어.

내가 전남편과 연애를 하고 너와 팥빙수를 나눠 먹는 사이가 됐을 때도 너는 내게 마음을 연 적 없지만, 네 무뚝뚝하고 거친 언변에는 이유가 있을 거라고 생각했어. 진심으로 너를 알고 싶었어. '일부러' 전남편의 여성 편력을 화제에 올려 나를 자극하고 상처 줄 때도 뭔가 이유가 있을 거라 생각했어. 긴 시간 같이 밴드를 해오면서 전남편의 변덕 때문에 그에 대한 기대가 실망으로 바뀌고, 그러기를 여러 번. 전남편이 실제로 어떤 사람인지 알고 있는데, 갑자기 내가 나타나서 그를 두둔하고 나서니 네 입장에서는 기가 차기도 했을 거야.

전남편은 네가 순진하고 착한 사람이라고 했어. 적어도 과거에는 그런 아이였다고. 그런 네가 일베를 하고 지역 혐오 발언이나 여성 비하 농담을 일삼는 것도 어쩌면 자기 탓인지도 모르겠다고 이야기했어.

나도 어느 정도는 공감했지. 한 사람만의 잘못으로 뒤틀어지는 관계란 없으니까. 같은 밴드에 있으면서도 너는 전남편에 대한 미움을 숨기지 않았고, 또 그것이 나를 조롱하게 된 계기가 됐는지도 모른다고 생각해.

너와 네 여자친구를 내 원룸으로 부른 날, 나는 거봉을 씻어줬고 너는 "진짜 달다"고 했지. 함께 영화를 보고 밖으로 나왔을 때 네가 네 여자친구를 가만히 껴안고 서 있었던 게 기억나. 네 여자친구가 영화를 보면서 울었고, 너는 체면 탓인지 우리 앞에서는 가만히 있었지만, 집 밖으로 나와서 그녀를 살며시 안아줬지.
나는 그때, 어쩌면 그게 네 진짜 모습인지도 모른다고 생각했어. 공연 뒤풀이 때마다 무례한 일베식 농담으로 내 속을 뒤집어놓지만 착한 구석도 많았으니까.

네 집에 놀러 간 날, 너는 바쁘게 요리를 했고, 전남편이 집안일을 돕지 않는다는 내 불평에 "설거지가 그렇게 싫다는데 형이 좀 하지그래요" 하고 조언도 했지. 너는 소위 '꼴페미' '김치녀'를 혐오하고 길거리 여자들을 성적으로 희롱하며 낄낄댔지만, 돌이켜보면 전남편 밴드 멤버들 중에 가장 가사일을 좋아하고 즐기는 사람이었어. 남성의 가정 진출, 그 성공적인 케이스랄까. 의외로 다정해서 여자친구의 말은 못 이기는 척 들어주는 사람이었지. 정말 여자들을 혐오하고 성적인 대상으로밖에 보지 않았다면 전남편에게 가사일을 도우라고 말할 수 있었을까? 너는 대체 어떤 영향을 받아서, 누구에게 어필하고 싶어서 너답지 않은 말들을 여과 없이 뱉어냈을까? 남자들의 세계에서 마초로 인정받고 싶은 마음이 네 일부가 되고, 어느새 자연스러운 네 모습이 된 걸까?

소주잔을 비우며 안주 삼아 하던 홍어 타령, 전라도 욕도 마찬가지야……. 너를 이해하고 싶었지만 너무 어려웠어. 네가 '빨갱이' '좌빨'이라고 부르는 뮤지션들은 전부 내가 지지하고 좋아하는 사람들이었고, 더군다나 내 아빠는 절대로 그런 이름

너를 변화시킬 이유도, 힘도 없어.
다만 나 자신이 단단해지려 노력할 뿐이야.

으로 불릴 사람이 아니었거든.

초등학교 2학년 때쯤이었을 거야. 우리 아빠가 다른 아빠들하고 다르다는 걸 안 게. 최루가스 뒤집어쓴 옷을 벗고, 화장실에서 매운 눈 씻는 모습을 보고 아빠가 뉴스에 나오는 데모에 나가는 사람이라는 걸 알게 됐지. 더 어릴 적에는 부모님이 무대 위에서 노래하는 가수라고 생각했지만, 단 한 번도 연예인이라고 생각해본 적은 없어. 특히 아빠는 텔레비전 출연을 거부했으니까. 집에 최루가스를 묻혀 온 그날 이후로, 그는 언제나 집회 현장에서 노래를 부르는 사람이었고, 사전심의 폐지를 위해 싸우는 외로운 투사였어.

아빠가 구체적으로 뭘 하는지, 왜 다른 가수들처럼 살지 않는지 어린 내가 어떻게 이해했겠니? 설명하기엔 복잡하지만 왠지 의로운 일을 하는 게 아닐까 짐작했을 뿐. 아빠가 사전심의를 거부한 불법 음반을 팔 때마다 찍는 도장의 '검열받지 않는 영혼'이란 문구가 초등학생인 내게조차 지극히 타당하게 느껴졌을 뿐이야.
대신 유년기, 청소년기를 통틀어 부모님과 같은 사회 활동, 정치 성향을 배경으로 둔 친구가 없었기 때문에 아무하고도 내 이야기를 공유할 수 없었어. 친구들과 어울려 연예인 이야기를 하면서도 늘 가슴 한구석이 허전하고 외로웠지.

고등학교 2학년쯤인가. 아파트 경비 아저씨들이 작은 집회를 연 현장을 친구들과 함께 지나가게 됐어. 내 귀에 익숙한 민중가요가 흘러나왔고, 나는 속으로 그 노래를 따라 불렀지. 친구가 "으악! 북한 노래다!" 하고 고개 저으며 경멸을 표시하기 전까지 말이야.

선동적인 가사가 생소한 그 친구에게는 그렇게 들릴 수도 있다는 것을 아는데도 나는 아무 말도 하지 않았어. 친구를 따라 웃으며 "아저씨들 데모하나?" 하고 농담했을 뿐. 왜냐하면 또래 집단에 속하고 싶었거든.

친구들과 비슷한 농담을 하면서 내가 그들과 다르지 않다는 것을 증명하고 싶었어. 내 모순을 이해하지 못한 채로, 정체성의 혼란을 느끼면서.

나는 아빠와 전혀 다른 시대를 살아가는 사람인데 어떤 길을 걸어야 할까 고민하고, 그가 선택한 방향으로는 가지 않겠다고 거부하고, 내 안의 충돌을 소화하지 못한 채 20대가 지나갔어. 겉으로는 아빠 딸인 줄도 모르게 나를 완성시켰지. 그와는 전혀 다른 화두를 찾았고, 그 이야기를 풀어내고 함께 즐길 공동체를, 내가 속할 수 있는 곳을 간절히 원했어.

그때 전남편을 만났지. 나는 그에게서 아빠의 모습을 발견했다고 착각했어. 저항정신을 가진, 혁명적인, 그런 사람을 배우자로 맞아 그가 속한 세계에 흡수되면 더 이상 외롭지 않을 것 같았어. 드디어 자리를 잡았으니 혼자서 방황할 필요가 없어졌다고 느낀 거야. 바보같이.

그런데 웬걸, 전남편이 속한 세계에는 너 같은 사람들이 많았어. 다양한 목소리가 나오지 못하게 막는 분위기에, 정치적 이슈를 다루는 것은 쿨하지 못하다거나 우정을 위해 참자거나, 아예 대놓고 일베, 우익이라고 자처하는 사람들 말이야. 남편 친구들과 동화되고 싶었던 내게는 충격이었어.

특히나 네가 "정태춘, 빨갱이 아냐?" 하며 내게 '빨갱이 딸' 운운했을 때는 말이야. 내 친구가 민중가요를 '북한 노래'라고 했을 때보다 수십 배는 더 놀랐고, 네 말을 듣고도 침묵한 내게 수천 배 실망했지.

나는 언제까지 주변인으로 겉돌까. 아빠가 선택하고 내가 영향받은 정치 성향은, 너희 말대로 구리고 틀린 걸까.

이 질문에 대한 답은 나 자신이 제일 잘 알고 있었어. 네게 아무 말도 하지 않았지만, 나는 이미 그때 다짐했는지도 몰라. 선택하지 않았지만 어릴 적부터 영향받은 내 정치 성향을 숨기지 않겠다고. 전남편의 편협한 친구들 말을 인정하지 않겠다고.

이혼 후 그날을 떠올리며 뒤늦게 SNS에 분노를 터뜨렸을 때, 너도 참 황당했을 거야. 이제 와서 웬 난리냐, 콧방귀 뀌고 내 욕을 해대면서도 약간은 불안하고 상처받았을 거야. 어쩌면 너는 아직도 뭐가 뭔지 모르겠고, 알기도 싫고, 어쩌다 일베로 흘러들어 막장 발언을 한 것에 불과하니까.

정말 뭐가 뭔지 모르겠고 알기도 싫은 건 너 자신의 분노, 패배감이겠지. 일종의 박탈감, 피폐함이 드러난 네

가사를 보고, 너 역시 스스로를 마주할 준비가 돼 있지 않다고 나는 느꼈어. 모순과 우울을 껴안고 뒹구느니 일베나 하면서 키득거리고, 타인을 향한 증오 섞인 조롱질로 자신을 위안하는 게 더 편하다고 생각하겠지.

나는 너를 변화시킬 이유도, 힘도 없어. 다만 내가 더 단단해지려 노력할 뿐이야. 혐오 발언에 대응할 현실적인 방안을 모색하며, 너 같은 사람들이 세워놓은 빨갱이 차벽을 넘을 궁리를 할 뿐이야.

읽지 않을 확률이 훨씬 높지만, 만약 네가 이 글을 읽는다면 무슨 생각을 할까? 내가 너무 드라마틱하게 포장한다고 생각하겠지? '피해자 코스프레'가 능수능란하다며 소주를 마시겠지?
그럼에도 알아두럼. 너를 알고 친해지고 싶어 한 여자가 있었어. 네 인생에서 다시는 볼 일이 없을 여자.
씩씩하자, 용기를 쥐어짜도 나는 아직 종종 외로워. 전남편과 너의 세계에 숟가락 얹어 한솥밥 먹으려던 나는 이제 나만의 길을 홀로 가고 있어. 너는 나를 축복하지 않겠지만, 나는 너의 건투를 빌어. 무대 위에서만은 정말 자유롭고 아름다운 사람이니까.
그리고 내가 '빨갱이 딸'이란 사실을 알려줘서 고마워. 그 이름이 부끄럽지 않게, 그 단어가 품은 시대적 의미와 편견을 자유자재로 넘나드는 사람으로 살아갈게.
안녕, 빠박아.

추신 : 네 부모님 고향이 전라도라면서 왜 자꾸 전라도 욕을 하는 거니? 아무리 생각해도 미스터리다. 숨은 사연을 절대 알 수 없겠지만 아직도 궁금하단다.

함께 살고 싶은 사람들

결혼생활의 갈등이 최고조를 찍을 무렵, 나는 자살을 기도했다. 그리고 응급실에서 하루 만에 깨어났다.

자살 기도 사실을 알린 것은 그로부터 한참 뒤다. 죽음을 원하던 시기의 나는 너무 침울하고 예민해서 가까운 사람들에게조차 입을 다물었다.
이혼이 결정되고 나서야 조금은 후련한 기분으로 털어놓을 수 있었다. 괴로움의 부피가 줄어 숨을 쉴 수 있게 되자 농담도 할 수 있게 됐다. 물론 친구들은 별로 웃지 않는다. 죽음은 웃기는 일이 아니니까.

자살을 기도했다 실패한 혹은 생존한 사람으로서 말하건대, 우리는 자살에 관해 좀 더 많은 이야기를 나눠야 한다. O! E! C! D! 자살률 1위 국가가 아닌가. 매일 자살자가 속출하는데도 왜 자살에 대해 이야기하지 않을까? 너무 많이 떠들었다가 자살 권하는 사회가 될까 봐?
우리가 마주하는 죽음은 메릴린 먼로나 커트 코베인의 것이 아니지 않은가. 신문 1면에 보도되는 죽음보다 자살률을 나타내는 작은 점과 그래프로 흡수돼 기억되지도 못하고 사라지는 이들이 더 많지 않은가.

불행을 전시하지 않고, 나약함을 드러내선 안 된다

응석 부리지 마

는 사회 분위기 속에서 죽어가는 사람들은 록스타가 아니다. 삶에 지쳐 마지막 해방구를 찾는 평범한 사람들이다.

힘든 감정을 나누고 상황에 분노하거나 쏟아내는 대신 침묵하고 삶을 포기하는 데는 이유가 있다. 어둠과 절망이 너무 끔찍하고 견고해 '힘을 내' 식의 위로가 통과하지 못하기 때문이다. 이미 자살을 결심한 사람들에게 '살아 있는 자들의 슬픔'을 강조하는 충고는 소용이 없다. 자신의 고통에 먹혀버린 이들에게는 타인의, 그것도 그들이 사라지고 나서의 일에 대해 공감을 구할 수 없다. 그것은 거대한 우울에 맞서 싸워볼 의향이 있는 사람들에게만 해당되는 말이다. 긍정적으로 생각하고, 사랑하는 사람들을 떠올리라는 말 역시, 숨도 쉬기 힘든 사람에게 산책을 다녀오면 생각이 바뀔 거라고 권하는 꼴이다. 우울증이 격투기 상대도 아닌데 기운 내서 이겨보라거나, 나약한 정신을 지적하며 책망하는 것 역시 전혀 도움이 되지 않는다.

흔히 자살할 용기로 살 생각을 하면 인생이 달라질 거라 말하곤 한다. 나는 이 말에 동의하지 않는다. 더 많은 용기가 필요한 쪽은 '삶'이다. 직면한 문제를 껴안고, 해결하려는 투지를 키우는 것에 더 큰 용기와 에너지가 필요하다.

죽음이 평화롭게 보이는 상태에서 계속 그 길을 걷다 보면 일종의 관성이 생긴다. 일시적인 충동, 용기보다는 우울함의 흐름에 몸을 맡기게 되는 것이다.

자살자의 심리가 모두 같을 수는 없겠지만, 충동적으로 자살을 택했다고 해도 평소 우울증을 앓았다면 그 사람은 머릿속에서 많은 죽음을 경험했을 것이다. 어느 날 실행에 옮긴 죽음은 그가 이전에도 수없이 상상했던 것이다. 행복하고 즐거웠던 사람이 갑자기 죽는 경우는 드물지 않은가. 절망의 한가운데에서 우울증을 앓고 있는 사람에게 보이는 것은 절망밖에 없다. 그렇다면 우리는 그 절망에 대해 이야기해야 하지 않을까.

우울증에 대한 이야기를 금기하거나 억압하는 분위기가 아니었다면, 고통에 대해 이야기할 수 있었다면 나도 죽음에 다가가고 싶다고 느끼지 않았을지도 모른다. 내가 아무에게도 고통을 호소할 수 없었던 이유는 뻔한 충고가 돌아오거나 빈축을 살까 봐 겁이 나서였다. 결함 있는 인간이라고 자처하는 꼴이 될까 봐. 진심 없는 위로를 들고 몰려온 하이에나들이 내 불행을 즐길까 봐.

내가 유일하게 자살 충동을 고백한 상대는 전남편이었다. 그 역시 새로이 정신을 무장해 우울함을 이겨낼 것을 권했고, 내 눈물 흘리는 모습에 눈살을 찌푸렸다. 밝고 명랑한 일들에만 관심을 기울였고, 내 지축을 흔들어놓는 죽음의 상념은 무시했다.

솔직히 그의 반응이 비상식적이었다고는 생각하지 않는다. 한국에서 우울증이나 자살 충동은 숨겨야 할 결함이기 때문이다.

가장 도움을 필요로 하는 사람을 고립시키는 분위기, 긍정의 힘을 가장한 엄숙주의가 마음이 힘든 사람들의 입마저 틀어막는다.

내가 힘들었을 때 단 한 사람이라도 내 감정이 정상적이며 많은 이들이 겪는 고통이라고 말해주기만 했어도, 자살을 기도하지 않았을 것이다. 나 같은 사람이 많고, 자살 충동에 대해 이야기하는 것이 부끄러운 일이 아니라고 말해줬다면, 이중 삼중의 고통을 받지 않고 내가 처한 상황을 이해하려 노력했을 것이다.

그때의 나는 뛰어난 심리치료사나 현명한 조언이 필요했던 것이 아니다. 그저 내 이야기를, 내가 속한 어둠의 방에 대한 묘사를 묵묵히 들어줄 사람이 간절했다. 내가 유별나기 때문에 더 불행하다는 낙인이 아닌, 그저 심각한 우울증을 앓고 있고 인생의 고단한 지점에 머물러 있기 때문에 힘든 거라고 터놓고 대화할 상대가 있었다면 자살을 기도하지 않았을 것이다.

이것이 단지 나만의 이야기라고 생각하지 않는다. 자살 실패는 수치스럽고 괴로운 기억이다. 가족에게는 잊지 못할 상처로 남는다. 그래서 그 경험을 공유하거나 함부로 이야기하려 들지 않는다. 하지만 나는 내가 저질렀던 일을 계획하고 있는 사람들에게 '나도 그랬다'고 이야기해주고 싶다.

나도 당신처럼 적막한 곳에 있었다.
나도 당신처럼 괴로웠으며 내 모든 감각을 꺼버리고 싶었다.
나도 당신처럼 죽음이란 결론이 안락하게 느껴졌다.
나도 당신처럼 삶에서 아무런 의미를 찾을 수 없다고 생각했다.
말은 하지 않지만, 아마도 많은 사람들이
당신과 같은 고통을 느끼고 있을 것이다.
나는 당신이 그 고통을 호소하고 선전하고
구체적인 도움을 청하길 바란다.
침묵하느니 시끄러워지길 바란다.
조용한 죽음으로 그래프 위의 점이 되느니 생지랄을 해서라도
당신 안의 어두운 존재를 사방팔방에 알리길 바란다.

죽음이, 피로함을 끝낼 거대한 마침표가 절실했던 적이 있다.

이제는 다르다. 내가 처한 현실과 감정을 다루는 법을 익힘으로써 나의 삶과 성향을 받아들이게 됐다. 심각한 우울증을 앓은 사람에게 가장 필요한 것은 자신의 감정을 효과적으로 다룰 방법을 찾는 일이다. 병원에 가서 약물 치료를 받을 수도 있다.

나처럼 우울을 껴안고 장점이라고 믿어버리는 황당한 방법도 있을 수 있다. 자괴감과 슬픔이 찾아올 때의 감정들을 세세히 기록하고 노래를 만들면, 어느새 비극은 자취를 감추고 창작물만 남는다. 물론 어디까지나 나의 이야기다. 최선의 방법은 아니다.

삶은 살아갈 가치가 있을까?

지금의 나는 그렇다고 생각한다. 그렇지만 제각기 겪고 있는 불행과 아픔의 크기와 종류가 다른 만큼, 다른 사람의 인생을 논하며 "그래도 살아" 같은 상투적인 조언을 하고 싶진 않다. 그것은 무례한 짓이다. 같은 조건에 처해보지 않고는 멋대로 판단할 수 없다.

서투른 긍정론을 펼치고 싶지 않다. 만약 누가 약간의 희망을 원한다 해도, 나는 막연히 "삶은 아름다워"라고 말하지 않을 것이다. 그것은 진실이 아니다. 삶이 '늘' 아름답진 않다.

그러나 언젠가 아름다운 '순간'이 다시 찾아올 것이다. 상황은 변할 수 있다. 감정도 변할 수 있다.

살아 있어서 좋은 것 중 하나는 딸의 웃음소리를 들을 수 있다는 점이다.

딸의 웃음소리가 내게 찾아온 아름다운 순간이다.

사람들이 말하기 꺼리는 금기들을 깨려고 자살 시도나 이혼에 대해 이야기하는 것이 아니다. 애초에 금기가 돼선 안 되는 것들이었다.

우리는 마주치기 싫은 문제, 고통, 우울에 대해 더 많이 이야기해야 한다. 그래야 누군가가 도움을 청했을 때 주저하지 않고 달려가 손을 잡아줄 수 있다.

적어도 나는 그런 세상에 살고 싶다.

힘들고 두려울 때 서로의 입을 막는 대신 보다 많은 대화를 나누고 돌아가며 껴안을 수 있는, 사람다운 사람들 곁에서 '살고 싶다'.

함께하는 날들 단 한 번이라도 당신의 본질을 통찰할 수 있도록 기원하는 것. 당신의 사소한 일상을 목격하고 열렬히 응원하며 우리에게 닥칠 문제들 투쟁하여 앞으로 나아가는 것. 내게는 그게 사랑이에요.

Chapter 3

사랑과 함께 어둠을 걷는다

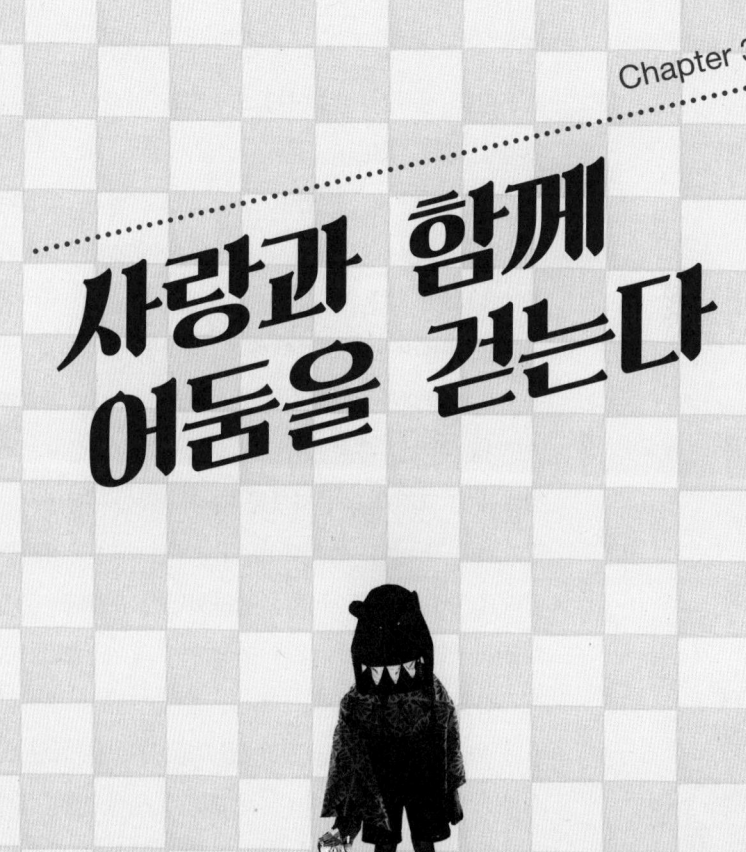

서(序)하에게, 네 아빠에 대하여

임신 초기의 어느 날, 잠에서 깬 네 아빠가 뒤숭숭한 표정으로 아주 피곤하고 정신없는 꿈을 꿨다고 말했어. 천천히 숨을 고르며 그 이야기를 들려줬지.

엄마, 아빠가 홍대 거리를 산책하고 있었어. 그러다 마을버스 정류장에서 아기 고양이를 학대하는 어떤 여자를 보게 되지.

엄마가 얼마나 고양이들을 사랑하는지 알지? 엄청나게 화가 난 엄마는 그 여자와 싸우기 시작했어. 네 아빠는 다퉈서 좋을 게 없다며 중재를 말렸지. 때마침 나타난 마을버스 운전기사까지 싸움에 끼어들었는데, 고양이를 학대하는 여자 편을 들었어. 싸움을 말리려 했던 네 아빠는 운전기사에게 화가 나서 엄마보다 과격해졌어. 그러다 운전기사를 때리고 말았지.

일이 커지자 나와 네 아빠는 학대받던 아기 고양이를 데리고 마을버스를 훔쳐서 달아났단다. 아빠는 운전을 하고 엄마는 아기 고양이를 안아주고. 어디로든 가자. 도로를 달리는데 갑자기 길고양이 수십 마리가 나타나 우리 버스에 타는 거야. 길고양이들로 가득한 버스가 물에 잠긴 도시에 다다르고, 네 아빠는 버스가 가라앉을까 봐 운전대를 놓고 미친 듯이 노를 저었어. 그렇게 노를 젓고 또 젓다가 꿈에서 깨어났지.

사랑과 함께 어둠을 걷는다

정말 환상적인 꿈이지? 네 아빠의 꿈이 기분 좋게 스며들어서 마치 엄마가 꾼 것처럼 느껴졌어. 하지만 심장이 터질 듯이 노를 젓다 깨어난 네 아빠는 너무 피곤하고 어수선한 기분이었나 봐.

너를 임신한 사실을 알고 난 뒤부터 은근히 태몽을 기다리고 있었는데도, 그는 길고양이들만 바글거린 그 꿈을 태몽으로 인정하지 않았어. 자고로 태몽이란 눈부신 백마, 포효하는 호랑이, 승천하는 용 정도는 나와서 건국신화급 판타지를 보여줘야 한다고 생각했거든. 그런데 기대와 달리 우리 꿈에 등장하는 동물은 늘 길고양이였어. 이유가 어떻든 고양이에 관한 꿈이 거듭되자 엄마는 적극적으로 '길고양이 태몽론'을 주장했어.

"당신 꿈속의 아기 고양이가 우리 딸이야."

태몽. '아버지의 정자와 어머니의 난자가 만나서 탄생했다'는 설명보다 더 풍부하고 아름다운 '나의 시작'에 대한 작은 신화.

누구든 어디서 뭘 하며 살든 미소 지으며 자신의 처음으로 돌아가게 만드는 —시냇물 속 유난히 빛나던 보석, 붉게 헤엄치다 품속으로 뛰어든 잉어, 크고 아름다운 날개를 팔락거리던 나비— 인생에 신비로움을 부여하는 이야기들.

고양이라도 괜찮아. 세상에서 제일 빛나지 않아도, 천하를 호령하거나 하늘로 날아오르지 않아도, 정복자가 아니어도 좋아. 도움이 필요한 작은 고양이라도 좋아. 그 고양이는 시련을 극복하고 탈출한 용감한 영혼을 지니고 있어. 멋지지?

언젠가 네게 내 마음을 담아 동화책으로 그려주고 싶은 이야기야. 물 위의 버스, 노를 젓는 아빠와 너를 꼭 껴안은 나 그리고 길고양이 수십 마리. 무엇보다 서로를 애틋하게 사랑하던 시절의 엄마, 아빠가 있는······.

나의 작은 고양이 서하야, 시간이 흐르고 여러 일들을 겪다 보면 나와 네 아빠의 관계에 대해 생각하게 될 때가 있을 거야. 정확하게는 네 부모의 관계. 네가 사는 울타리 안과 밖에서 엄마와 아빠 사이에 일어난 일들에 대해 들으며 네 존재 자체에 대해 고민하게 될 수도 있어.
'그들처럼 살리라' 혹은 '절대 그들과 같이 살지는 않으리라', 어느 쪽이든 성급한 결론을 내리기 전에 해주고 싶은 이야기가 있어. 나의 애인이었던 사람. 너의 아빠에 대해. 그리고 나에 대해.
너의 절반은 그에게서 온 것이니, 서하 네가 자랑스러워하도록 내가 그를 무척 사랑했던 날들을 이야기해주고 싶어.

엄마는 늘 스스로가 가장자리에 있다고 느꼈어. 확실한 것이 없었어. 스쳐 간 삶의 경험들도, 미래에 대한 청사진도 전부 모호하기 그지없었지. 아무 데도 속하지 못한다는 불안감이 컸고, 어떤 면에서는 외로움을 자처하기도 했으니까. 나는 최첨단이 아니고, 쿨하고 세련된 사람이 아니란 열등감. 대중의 동의, 공감을 구하는 데 실패하고 말 것이라는 미더운 재능에 대한 절망감. 그러나 마음 한편에서는 혁명가적 기질에 대한 동경이 끓어올랐지. 얼마나 끊임없이 동요하고 변화하고 싶었는지.
10대에는 몸이 사춘기고 20대에는 마음이 사춘기라더니, 요즘 같았으면 중2병 소리나 듣는 고민과 자기모순에 싸여 끙끙 앓으며 보냈지. 솔직히 게으르기도 했어. 어떻게 보면 그렇게 나쁘지 않았는지도 몰라. 지루한 변명을 늘어놓으면서도 줄곧 연애를 했고, 춤도 췄고, 낙서도 했으니까. 깃발을 나부끼며 어디론가 나아갈 용기는 없었어도 조용히 들썩이는 마음 반짝이며 지냈지.
연애를 하면서도, 친구를 만나면서도 해소되지 않았던 갈증. 그 갈증이 절정에

다다랐을 즈음, 나와는 아주 다른 그를 만나게 됐어. 서로 엉망진창 연애의 역사를 쓰고, 흔하고 잔인한 사랑의 악덕들을 지나고야 겨우 엄마는 '나의 남자'라고 선포할 사람을 찾게 된 거야.

창작자, 광인, 거짓말쟁이……. 얼마나 삐뚤어졌든 엄마는 남자들이 가진 재능에 쉽게 반하는 여자였어. 빛을 쫓는 곤충들처럼 어지럽게 비행하는, 활활 타고 마는, 만족을 모르는……. 삼류 로맨스 소설들이 남긴 흔적인지, 컬트 영화와 음악이 누고 간 똥인지, 반항심 가득한 소녀처럼 뻔한 취향. 그러나 나침반처럼 결국 그쪽으로 향하고 마는.

내 애인이 된 남자. 너의 아버지. 그는 소리 지르는 사내였어. 내가 좀 점잖은 척 문학적인 뮤지션들을 사랑하는 동안, 스모키 화장에 가짜 속눈썹을 붙이고 조용히 낙서를 하는 동안, 그는 광포하게 분출하는 음악을 했어.

아직도 기억이 나. 그가 무대 위에서 몸에 페인트를 붓던 모습. 마이크를 쥐고 붉어진 얼굴로 목에 핏대를 세우던 남자. 불온한 선동가, 실패한 혁명가를 연상시키던 남자. 크지 않은 체구의 마른 남자.

단단하게 주먹을 쥐고 성질 나쁜 짐승처럼 씩씩거리는 모습이 약간은 촌스러우면서도 귀여웠어. 첫눈에 반하기엔 부족했지만 깊은 인상을 남겼지. 불온한 매력을 가진 남자들은 많았고, 각자 다른 방식으로 자신의 매력을 뽐냈기에 그 역시 그들 중 하나라고 넘겨짚고 말았어.

그러다 어느 날 그의 글, 가사를 읽을 기회가 있었어. 그제야 그를, 참된 의미로 발견하고 말았지. 나를 충동질하는 내면의 누군가와 똑 닮은 남자를 음악이 아닌 글을 통해서야 찾을 수 있었지.

펑크를 전혀 좋아하지 않았지만 단어들을 통해 그가 외치고 있는 말들이, 표적 없는 분노와 솔직함이 매우 가치 있게 느껴졌어. 모든 구호와 논쟁이 의미 없다고 외치면서도 현실에 낙담하고 있었고, 그 감정을 넘어서서 싸우자고, 함께하자고 노래했지.

구체적인 대안을 세우고 생산적인 변화를 만드는 사람도 좋지만, 내 안의 삐딱함 때문인지 나는 금세 그의 열패감과 분노에, 그것을 표출하고 축제를 하는 방식에 동의하고 끝내 사랑에 빠지고 말았어. 이 사회에서 버텨내는 것, '좆같은 세상'에서 변하지 않고 자신을 지켜내는 일 자체가 하나의 투쟁이고, 체제에 순응하는 인간이 되길 거부하는 그의 면모가, 대책 없는 배설과 에너지가 순수하다고 느꼈어. 엄마가 사랑할 수밖에 없는 기질의 남자.

비밀스럽게 오간 대화들. 약속과 불안함을 공유한 끝에
우리가 연인이 됐을 때 그가 내게 말했지.
내가 자신을 알아줬으므로
자신은 더 이상 세상에 증명할 것이 없다고.

우리가 좋은 사람이었는지 나쁜 사람이었는지, 사랑에 빠진 순간만은 아무것도 중요하지 않았으니까. 내 착각일지 모르지만, 나는 그를 한 권의 책처럼 대우했고 진지하게 그의 손금을, 스쳐 간 일들을 읽고 해석하는

데 매우 열정적이었거든. 동시에 그 역시 내 고집 세고 거친 부분들, 소심하고 어린아이 같은 성향을 목격하고 격려해줬지. 잃어버린 생의 목적을 찾아줬노라고, 내가 바로 그가 살아 숨 쉬는 이유라고.

그렇게 우리는 결혼하고 '부부'란 이름으로 불리게 됐어. 결코 순탄하지 않았지. 사랑에 빠지는 것과 다르게 결혼은 사회적인 약속이고 현실이었으니까. 모난 두 사람이 그 틀에 맞추려고 전쟁을 몇 차례나 해야 했어. 미워할 때는 '세상에서 만난 최악의 사람'이라고 삿대질하고, 사랑할 때는 '나 자신보다 더 사랑하는 너'라고 껴안고. 어떤 스토리로 매듭지어 정착하든 대부분 연인들이 그렇듯 기대하고, 실망하고, 좌절하고, 보듬어 안고, 서로 더 철저하게 바라볼 수 있을 때까지.

내가 묘사한 모든 이유로 몹시 사랑스러웠던 남자. 그러나 때로 무책임하고 오만하며 게으른(엄마도 똑같이), 자신이 주인공인 것에 익숙한 남자를 너도 사랑하게 될까? 네 아빠를 사랑하는 것과 별개로 너도 네 아빠와 같은 사람에게서 매력을 느낄까?

만약 아빠 같은 남자를 사랑하려거든 이 말들을 먼저 기억해.

반드시 한 권의 책처럼 대우받을 것.
네가 뭘 하든 네 안의 모든 가치와 색조를 읽어주는 남자를,
네 이야기를 듣고 싶어 하는 남자를 선택하길.
네 꿈과 어린 시절을 알고 싶어 하는 남자를 사랑하길.

만약 그런 남자를 찾았다면 네 마음을 검열하지도, 막지도 말고 쭉 달려 나가도 돼. 그렇게 잘 알면서 왜 헤어졌냐고?
글쎄. 사실 엄마는 "그 후로 영원히 행복했습니다"라는 동화책 마지막 문장을 더 이상 믿지 않아. 우리의 결말이 동화 같지 않다는 걸 누구보다 네가 잘 알 거야. 그래도 너만은 알고 있어줘. 우리가 함께할 수밖에 없었고, 또 헤어질 수밖에 없었던 이유를. 그리고 가능하다면 엄마의 심정을 헤아려줘. 왜 상처받고 말았는지. 네가 "아팠어?" 하고 묻기만 해도 나빴던 날들의 기억이 사라질 것 같거든. 천진난만한 얼굴로 아무것도 두려울 것이 없다는 표정으로 서하, 네가 나를 응시할 때 얼마나 가슴 벅차고 떨리는지 몰라. 내 안에서 끊어진 도로가 네 안에서 다시 시작되는 것처럼. 네 사랑을 지켜보고 이야기 듣는 날이 오리란 상상만으로도 설레.

네가 덜 여문 몸과 마음으로 부딪힐 세계. 충동질 가득한 밤들과 긴 대화들. 헤어진 네 부모의 이야기는 이미 과거가 됐고, 어쩌면 너도 나처럼 사랑을 믿지 않는 척 반항심 가득할지 모르지만, 그래도 네게는 모든 것이 처음이고 시작이겠지.
낯선 살갗과 주저하는 눈빛. 네가 처음으로 발견한 사내아이. 너를 사랑한다는 그 아이와 함께 겪을 날들, 말들, 몸짓들. 엄마가 하지 말라는 짓. 아빠가 알면 놀랄 짓. 조그맣게 불붙어서 대범하게 타오르는 젊은 사랑의 짓거리…….
어떻게 너를 말릴 수 있겠니. 상처받고 눈물 흘려도 일어나는 일을 지켜봐줄 수밖에 없겠지. 어미가 자식을 그 어떤 상황에서도 보호하기란 불가능에 가까우니까 말이야. 그리고 첫사랑이 대단한 이유는 첫 애인의 특별함에 있다기보다 그 과정이 남긴 흔적, 추억, 상처에 있거든.

사랑은 때때로 너를 피폐하게 만들고 절망에 빠지게도 하지만, 그것들을 뚫고 지나갈 수 있는 힘만 있다면 언제든 다시 회오리처럼 다가오는 사랑에 온 마음을 내던질 수 있어. 애인들의 호흡과 온도, 모든 생채기마저 사랑하고 심지어 창작의 원동력으로 삼을 수 있는 기세당당함만 있다면 말이야.

사실 이건 엄마 자신에게 해주고 싶은 이야기기도 해. 이혼한 뒤 엄마는 생각했어. 역시 치유로서의 남녀관계는 존재하지 않는구나. 또 누군가를 만나도 다른 형태의 상처를 주고받겠구나. 운명의 장난은 그저 장난, 우연으로 만난 남녀가 필연으로 헤어지듯이. 새로운 사람에게 옛 애인과 나눈 농담을 던지고, 때로 현재의 애인이 없는 사이 다른 이성에게 어필하려고 고군분투하고. 그런 식으로 유치하게 자신의 가치를 확인하려는 짓.

엄마는 이제 지쳐버렸는지도 몰라. 끊임없는 사랑의 열망에 휘말리다 마음을 많이 해쳤으니까.

엄마가 생각하는 사랑은 예전처럼 막연히 로맨틱하고 예쁘기만 하지 않아. 감정만을 믿고 기대하는 무엇이 아니라 끊임없이 노력하고 실천해야 하는 무엇이 아닌가 싶어. 적어도 부부는 그런 노력을 필요로 하는 관계지.

슬프게도 모두가 그 노력에 관심을 기울이진 않아. 어떤 사람들에게, 엄마에게 사랑은 분출이고 폭발이라서, 그 눈부심을 유지하기 위해 '노력'이 개입되면 천천히 흥미를 잃고 말거든. 그러면서도 관계가 끝나면 '사랑받고 싶어' 또 다른 사람에게 달려가곤 했지.

어리석어서라기보다 이기적이어서, 고독을 견디지 못해서,
비슷한 사람을 만나 사랑에 굶주린 마음을 채우려고,
지킬 것이 없는 삶을 상상할 수 없어서, 사랑받던 기억을 잊지 못해서……

우정으로 변하는 사랑도 사랑일까. 미움으로 변하는 사랑도 사랑일까. 아무도 모르는 그 사랑에 엄마는 왜 그토록 닿아 있고 싶어 했을까. 채워지지 않는 감정만 상대를 바꿔가며 호소하는 건 삶을 풍요롭게 할까, 메마르게 할까.
도반(道伴)이니 운명이니 눈 깜박이던 날에는 몰랐던 사랑의 어두운 면. 그 어두운 쪽을 본 적 없는 척 "사랑해" 하고 입을 떼기엔 엄마에게 아직 더 많은 용기가 필요해. 지나갈 열정, 금세 변해버릴 관계에 마음 졸이는 경험을 다시 하고 싶진 않지만, 그런 사랑들 역시 삶에 주어진 과업이라면 내가 다 안다고 착각했던 사랑이라도 다시 한 번 뛰어들어봐야겠지. 다른 형태의 관계를 맺기 위해. 누가 사랑이 무엇이냐 묻는다면, 엄마에게 다시 사랑하는 사람이 생겨서 그가 사랑이 무엇이냐 묻는다면 이렇게 대답할 수 있도록.

> 함께하는 날들 단 한 번이라도
> 당신의 본질을 통찰할 수 있도록 기원하는 것.
> 당신의 사소한 일상을 목격하고 열렬히 응원하며
> 우리에게 닥칠 문제들 투쟁하여 앞으로 나아가는 것.
> 내게는 그게 사랑이에요.

젊음, 코발트블루

아침마다 꾀죄죄하다. 고양이세수를 한 얼굴에 선크림만 대충 바르고 뺑뺑이안경과 회색 군용 모자를 쓴다. 검은색 면바지에 색이 바랜 청남방을 걸치고 서하를 어린이집에 데려다준다.

그 차림새 그대로 모자 푹 눌러쓰고 동네 친구들과의 약속 장소에 나간다. 친구 하나가 보자마자 "은행 털었냐?" 농담한다. 거울을 보니 "나를 쳐다보지 말아요. 기억하지 말아요" 같은 대사가 어울리는, 은행털이에 실패해 도주 중인 지명수배범 같다. 검은색으로 염색하고 손질 필요 없는 짧은 단발로 잘랐는데도, 그 머리 정돈하는 것도 귀찮아서 아침마다 그 음침한 모자를 썼다.

'넌 얼마나 검니?'
플라스틱 서랍장 가득 검은색, 진회색이다. 농도의 차이만 있을 뿐 모두 같은 이야기를 하는 나의 옷들.
이혼하고 서하를 돌보면서 옷 입기의 목적이 '멋'에서 '실용성'으로 바뀌었다. 손에 잡히는 대로 아무렇게나 걸쳐도 실수할 염려가 없는 무채색의 단조로움. 정신없이 주워 입다 패션 테러리스트로 길을 나서는 무안함을 모면하기 위한 최소한의 의지. 그 정도의 감각을 유지하는 것도 심드렁해져서 스티브 잡스처럼 매일 같은 옷을 입었다.

그러다 어느 날 모자를 쓰지 않고 앞머리에 핀을 꽂은 채 서하를 데리러 갔는데 어린이집 선생님이 깜짝 놀라는 것이다.
"어머! 서하 어머니 모자 벗으신 거 처음 봐요."
민망하기도 하고, 스스로가 초라하게 느껴져 속으로 모자 쓰지 않은 날의 수를 셌다.
"하하! 그런가요?" 하면서 동시에 '서하가 나를 창피해 하면 어쩐다?' 하고 바보 같은 걱정을 했다.

딸은 내가 화장하고 나타나면 눈을 동그랗게 뜨고 좋아한다. 평소에 쓰던 안경을 벗어 신기한 건지, 엄마의 분장술이 믿기지 않는 건지 어느 쪽에 더 놀라워하는지 모르겠다. 모처럼 외출해야겠다고 마음먹은 날에는 서랍장 안쪽 밝은색 티셔츠를 꺼내 입곤 했는데, 어쩌면 서하는 화사한 날의 내 표정과 색채에 기뻐한 것인지도 모른다.

문득 거울을 본다.
휑뎅그렁.
휑뎅그렁, 휑뎅그렁, 휑뎅그렁.
창문이란 창문은 다 열어놓은
빈집 같은 나.

나는 어디에서 어디로 도망치고 있는 걸까.
누가 나를 어떻게 봤으면 혹은 바라보지 않았으면 하고 바라는 걸까.
세탁기에 넣고 돌려서 모양이 망가진 모자를 만지작거리며 "휑뎅그렁" 소리 내어 말해본다. 지금의 내게 어울리는 단어. 묵직한 어둠의 빈집. 열린 창문으로 수없이 부는 바람. 가슴이 시리고 외로워서 다시 침몰하는 기분.

그와 살던 집에서 친정으로 이사하던 날.
열심히 사 모은 싸구려 그릇이나 여기저기 흩어져 있는 서하의 장난감을 보고도 아무렇지 않았다. 부지런히 짐을 챙겨 파탄 난 결혼생활에 종지부를 찍어야 한다는 긴박감에 잽싸게 움직였다.
2년도 못 채운 짧은 결혼생활이었지만, 그와 내가 '우리'로 지내며 함께 산 물건이 참 많았다. 태국에서 산 작은 코끼리 조각, 인테리어소품가게에서 산 빨대 모양 가습기, 다이소에서 산 장기판과 고무찰흙…….
모든 물건들이 우리가 연인일 때 속삭인 말들을 알고 있는 듯 슬퍼하는 것 같았다. 잠시 그것들을 바라보며 주저하기도 했지만, 이미 수도꼭지를 단단히 잠그기로 마음먹은 터라 눈물을 흘리진 않았다. 전남편이 먼지와 놀아주겠다며 철제 옷걸이를 구부리고 실과 공을 달아서 만든 허접한 고양이 장난감을 보고도 웃을 수 있는 여유가 있었다.

감정을 꺼둔 채 기계적으로 짐을 싸고, 버리고, 정신없이 이사 준비를 하던 나는 옷장 앞에서 어이없이 주저앉고 말았다. 20대부터 갖고 있던 특이한 외투들, 금색 은색 천박하게 반짝거리는 대담한 디자인의 귀걸이들, 줄줄이사탕 모양의 플라스틱 팔찌, 여름에 즐겨 입은 핫팬츠, 배가 훤히 드러나는 크롭톱, 가슴이 깊게 파인 티셔츠와 화려한 미니원피스. 한번에 바닥에 쏟아내고 입구를 크게 벌린 쓰레기봉투에 차례로 넣으며 눈물을 뚝뚝 떨궜다.

이혼과 별개로 나는 나의 젊은 시절을 떠나보내고 있었다. 반항심 충만하고 호기로웠던 시절의 추억들을 전부 쓰레기봉투에 쑤셔 넣고 있었다.

그 옷들과 함께 걷던 거리, 술에 취해 많이 웃었던 밤, 춤을 추다 기진맥진 집으로 돌아오던 새벽. 헤어진 옛 애인이 좋아했던 오래된 티셔츠.

그리고 코발트블루 니트원피스.
섹시하고 포근하게 내 몸을 안아주던 원피스. 깊게 파인 네크라인에 큐빅 박힌 금도금 뱀 한 마리가 장식으로 달린 원피스.

신축성 좋고 따뜻해서 임신 6개월 때도 그 옷을 입었다. 도드라지게 나오기 시작한 배를 자랑하듯. 살이 찌기 시작한 몸이었지만 그 옷을 입은 날에는 스스로가 몹시 관능적이고 풍만하게 느껴졌다. 자신의 몸에 다른 생명을 가진, 잉태한 여성으로서의 신비함을 선언하듯. 코발트블루, 그 색채로 나의 아이를 품고 사람들 사이를 누비며 돌아다녔다. 납작한 굽에 페이크스웨이드 소재로 된 빨간색 사이하이 부츠를 신고.

사실 그 원피스에는 가장 가슴 아픈 추억이 묻어 있었다. 전남편이 록페스티벌에서 공연하던 중 관객들 앞에서 내게 청혼한 날 입은 원피스였다.
거울 앞에 서서 외출 준비를 마무리하는 나를 보고 그가 "오늘은 그 옷이야?" 하고 물었고 나는 "왜 이상해?" 하고 되물었다. 그가 다시 대답했다.
"아니 좋아. 좋아."
쌀쌀한 바람이 부는 페스티벌 현장. 무대에서 한참 떨어진 곳에서 공연을 지켜보던 나를 향해, 노래를 멈추고 시작된 그의 고백. 나는 그곳에 서서 그의 청혼에 동그라미로 답했고, 사람들은 당황하거나 놀라워하는 얼굴로 나를 돌아보며 환호해줬다.

그날, 그는 우리가 서로의 것임을 선포하고, 나를 사랑한다 소리 질렀다. 쑥스러운 표정으로 무대에서 내려와 나를 안아주던 전남편의 체온까지 원피스에 남아 있었다.

사랑을 과시하고 폭죽을 터뜨리던 젊음, 연애의 절정.
자만심에 찬 연인들의 몸짓.
추억이라며 간직하기엔 너무 날카로운 통증을 일으키는
코발트블루.

눈물, 콧물 뒤덮여 엉망이 된 얼굴로 숨이 넘어가게 우는데 이사를 돕던 남자 사람 친구가 말한다.
"뭘 울어. 울지 마. 빵 먹을래?"
빵이 먹고 싶었다. 코가 막혀 무슨 맛인지도 몰랐지만 그 녀석의 무심한 위로로 수도꼭지를 잠그고 싶었다.

'빠이빠이 젊음, 우리의 약속들 모두 깨어졌으니 나 너를 잊을게.'
크림 묻은 입가를 손등으로 닦으며 코발트블루, 여전히 사랑스러운 원피스를 버렸다.
'모두들 안녕, 미안해. 나는 새로 시작해야 해. 이제는 코발트블루보다 더 밝고 분명한 서하란 색이 있으니 나는 괜찮을 거야.'

다시 거울을 본다. 얼굴도, 차림새도, 정말 내게서 떠나간 것은 '젊은 날'일까?
젊다 표현하기엔 아직 너무 어린 서하. 내가 잃었다고 생각한 젊음보다 더 생생한 아이가 곁에 있음에도 왜 나는 여전히 고독하고 아픈 걸까?

애도의 검정. 이별의 검정. 게으른 검정. 어서 추스르고 보다 많은 색을 맞이해야 한다. 서하의 뺨 같은 색. 보드라운 핑크. 아니, 기운을 내라 '핫핑크'. 제일 화려하고 유치하게 내 안의 색조들 불러오는 일.
인터넷쇼핑몰에서 연주회용 핑크색 드레스를 주문했다. 폴리에스테르, 번질거리는 공단. 사진으로 보기에도 싸구려인, 유치하지만 경쾌한 드레스.
이렇게 다시 시작한다. 가장 멀고, 제일 사랑스러우면서도 바보 같은 핑크부터 공략. 서하는 진달래색 드레스. 우리 둘, 공주가 싫은 공주님들은 동네 놀이터로 소풍을 갈 것이다. 억지로 끌어당긴 핑크가 우습고 초라하더라도 반드시 모녀의 소풍에 많이 웃고 즐겁기를. 시간이 흐른 뒤에 사진들 보며 언젠가 이렇게 말할 날이 오겠지.

"그래, 바로 이날이었어.
까만 심장에 때 이른 핑크가 섞여 든 날.
얼굴에 철판 깔고 동네를 배회하며 자기연민을 던져버린 날.
진짜 웃기고 대단한 소풍이었어. 서하야."

나는 너를 사랑했어

너는 나를 사랑하지 않았어도

그의 어깨에는 날개 단 해골 타투가 있었다. 그 날개에 달린 깃털들이 하나같이 통통했다.

"클럽에서 춤을 추는데 웬 흑인이 와서 어깨에 있는 타투를 가리키더니 '바나나? 바나나 타투?' 그러는 거야."

그가 자신의 타투에 얽힌 일화를 이야기할 때 나는 웃었다. 그러고 보니 해골에 달린 날개들이 바나나 한 다발처럼 보였다. 그런 이야기를 가감 없이 털어놓는 남자의 솔직하고 순박한 품성은 몸에 해골을 그려 넣는다고 달라지는 무엇이 아니었다. 어딘가로 비상하려는 한쪽 날개가 바나나처럼 보이는 것을 기분 나빠하지 않는 남자.

'얘가 이 농담을 몇 명에게나 했을까?'

알면서도 기분 나쁘지 않았다. 처음 만났을 때부터 알았다.

'아, 나는 너를 사랑하지 않겠구나.'

그 점이 가장 마음에 들었다. 그와 절대로 사랑에 빠지지 않으리란 예감.

그런 그와 5년간 애인 사이로 지냈다. 정확히는 순진한 학생과 신경질적인 선생님 같은 관계였다. 그간 '바나나'가 나를 충분히 이해한 적이 단 한 번이라도 있었던가? 없다. 나를 알아주길 바라지 않았기에 절망할 것도, 기대할 것도 없어 편안했다.

사랑과 함께 어둠을 걷는다

지금 생각하면 비겁하고 일방적인 관계였다. 그가 나를 해독하지 못하는 것이 우리 관계를 지탱하는 힘이었다. 나는 내가 바나나보다 우월하다고 믿으며 그를 가르치고 손안에 쥔 인형처럼 흔들었다.

다정한 바나나가 제공하는 정서적인 안정감을 만끽하며, 사랑에 치이지 않고 안전하게 과거의 애인에게서 받은 상처를 치유했다. 더러 그 상처들을 훈장처럼 보여주며 '너는 절대로 나만큼 위태로워질 수 없을걸' 하고 자신만만하게 바나나를 내려다보기도 했다. 그의 우둔함을 꾸짖고 때로 세련되지 못한 취향을 경멸하며 '내가 천천히 개조해줄게. 너는 나의 인형이자 학생이니까' 하고 생각했다.

바나나는 지장산에서 태어난 강원도 광부의 장남이었다. 그의 아버지는 전라도 남자였고, 그의 어머니는 경상도 여자였다.

폐광 이후 마산에서 청소년기를 보내고 서울로 올라온 바나나는 그 어느 지방의 방언도 자신의 혓바닥에 감길 정도로 구사하지 못했다. 전라도, 강원도, 경상도 사투리도 아닌, 서울말도 아닌. 중저음의 목소리는 남성적이지만 어눌해서, 몇 마디라도 말을 섞어보면 그의 성격을 쉽게 알아챌 수 있었다. 쌍꺼풀 짙은 눈이 선하고 따뜻해, 단지 그 눈을 바라보는 것만으로도 그가 무슨 생각을 하고 있는지 넘겨짚을 수 있을 듯했다.

찌그러지고 꼬인 곳 없이 담백한 성품. 어쩌면 자신의 그런 점이 싫어 나를 만나고 싶어 했는지도 모른다. 찌그러지고 꼬이고 싶어서. 가독성 뛰어난, 그러나 너무 흔한 폰트 같은 자신이 싫어서.

"너는 너무 알기 쉬워. 쉬운 남자야."

농담하는 내게 그는 "너한테만 그런 거야. 다른 사람들은 나 그렇게 안 봐" 하고 반박하곤 했다.

186센티미터 키에 긴 팔과 다리. 투박한 목판화처럼 선이 굵고 박력 있는 관절들. 이탈리아 포르노 배우 같다고 놀림받을 정도로 느끼하지만 또렷한 이목구비. 나는 한 번도 그를 잘생겼다고 생각한 적이 없지만, 그의 육체가 가진 그런 남성적인 특징들이 매우 자랑스러웠다.
누구보다 크고 거친 손. 의심할 여지 없는 수컷의 손. 노동의 강도와 상관없이 언제나 묵직하게 주어진 모든 일을 해낼 것 같은 그 믿음직스러운 손.

나는 그의 영혼보다 그의 손을 더 자주 들여다봤다. 깜짝 놀랄 만큼 크고 아름다운 손을 바라보다 보면 웬만한 풍랑에는 흔들리지 않는 배를 탄 듯했다.

그에게 안도하고 그의 육체가 매력적이라고 생각하면서도, 심리적으로 거리감을 두고 사랑에 빠지지 않을 수 있었던 이유는 그런 외모에도 불구하고 마치 내가 자신의 생사여탈권을 쥐고 있는 듯 그가 연약하게 굴었기 때문이다.
바나나의 선한 소 같은 눈을 응시하며 긴 대화를 나누다가도, 뜬금없는 대답을 하는 그에게 나는 갑작스러운(발작과도 같은) 결별을 선언하곤 했다. 그는 늘 당황했지만 나를 성실히 붙잡아줬고, 그것이 우리 관계의 관성으로 굳어졌다.
"언젠가 너를 떠날 거야. 우리에겐 미래가 없어."
날카로운 다짐들을 껴안고 또 껴안아주는데도 더 이상 감사하게 느끼지 못할 만큼 나를 포기하지 않고 사랑해줬다. 그가 나를 사랑하는 것이 너무 당연해진 나는, 사랑 대신 그의 머리카락을 잘라주거나 새로운 이름을 지어주고, 그가 주저하는 모든 판단을 대신 내리고, 그가 만든 인간관계를 정의하고 잘라냈다. 열심히 그를 개선하는 것만이 내가 돌려줄 수 있는 사랑인 듯이.
거침없이 굴수록 바나나는 반색했고, 그의 몸에는 비상에 실패한 해골 말고도 무수히 많은 타투들이 생겨났다. 선생님의 강의 내용을 놓칠 수 없다는 듯 배움에 열성인 학생의 필기처럼.

바나나와 함께 클럽과 페스티벌에 가고, 나의 옛 애인과도 어울렸다. 때로 함께 웃고, 어느 날인가는 화가 나서 옛 애인의 멱살을 잡고, 수박주스도 나눠 마시면서.
바나나와 나, 옛 애인과의 관계, 심지어 나와 헤어진 이후 전남편을 따르고 흔쾌히 어울렸던 그의 행동들은 변함없이 단순 명쾌하다.
내가 그리는 그림의 일부로 남아 있는 것.

어떤 입장, 위치에서든 그는 내 계획의 부지런한 동조자였다. 그래서 옛 애인이 내게 "최근에 친해진 정말 멋진 친구야"라며 전남편을 소개시켜줬을 때조차 그는 아무것도 눈치채지 못하고 자신의 자리에 서 있었는지도 모른다. 내 곁에서, 서글서글하게 웃으면서 앞으로 다가올 일들이 무척이나 기대된다는 듯이.
과묵한 척 입을 다물고 있는 전남편에게 나는 "마초라면서요?"라고 도발했다. 내가 치명적인 사랑의 전조를, 운명의 암시라도 되는 양 쿵쿵거릴 때도 바나나는 아무것도 몰랐다. 나와 그의 오작교라도 되려는 듯 전남편에게 가서 타투를 받았다. 그가 잠든 동안 우리가 나눈 대화들을, 그 속에 숨겨진 의미와 남겨진 단어를 읽지 못하는 것 같았다. 전남편이 당황할 정도로 순수하게 새로운 우정을 받아들이고, 그의 반항적인 행적을 동경했다.
바나나가 조금만 더 민감했더라면, 조금만 더 빨리 우리 사이에서 일어나는 화학작용을 알아차렸더라면, 어쩌면 서하는 태어나지 못했을 것이다. 전남편이 내게 몰두한 자리에서도 바나나는 '그와 나'가 아닌 '우리'가 대화한다고 생각했다. 전남편이 내게 고백하고 호주로 떠났을 때조차 바나나는 전남편에게 적대감을 품지 않았다.

"어차피 네가 선택한 건 나잖아."

되묻는 무심함은 바나나가 내게 얼마나 지쳐 있었는지 알리는 신호탄이었는지도 모른다.

더 이상 나를 잡지 않은 밤, 5년간의 연애는 바나나의 졸업으로 끝을 맺었다. 내가 선생님이라고 생각한 관계 속에서 나도 학생이었음을 깨달으면서 모든 수업이 종료됐다. 우리는 서로에게 작별을 고하는 친구 이상도 이하도 아닌 채로 헤어졌다.

"너는 내가 만든 가짜야. 인형이야."

그를 붙잡은 것은 내 쪽이었다. 사랑하지 않는다며 무시했던 나와 다르게, 그는 자신이 충분히 사랑받았다고 고마워하며 나를 떠났다. 더 튼튼하고 좋은 사람의 얼굴을 하고.

애초에 인형은 존재하지 않았다. 그러므로 내 손에 쥐인 적도 없었다. 그런데도 이기적인 나는 그를 내 인형이라고 착각하고 있었다. 우리 연애에서 더 많은 것을 얻고 성장한 바나나를 있는 그대로 바라보지 못했다. 늘 한결같이 나를 사랑했던 바나나는 나보다 수월하게 감정과 관계의 변화를 받아들였다.

"너를 떠날 거야."

끊임없이 외쳤던 나를 끌어당기는 중력이 더 이상 존재하지 않는다는 사실을 받아들이기 힘든 쪽은 나였다. 높이 떠서 부유하며, 세련되지 못하다고 구박했던 남자에게 "네가 어떻게 이럴 수 있어?"라며, 세상에서 제일 촌스러운 말로 대미를 장

너는 어둠 속에서 내 곁을 밝혀주는 등롱 같은 남자였어.

식했다.

바나나의 큰 손과 다정함을 떠나보내는 일은 새로 시작될 전남편과의 사랑을 받아들이는 일만큼 필연적이나 급작스러웠다. 그러나 나 역시 내 옆자리를 비워놔야 전남편이 다가올 것을 알고 있었는지도 모른다. 바나나와 헤어진 지 3주 만에 전남편의 전화를 받고 뛸 듯이 기뻤으니까. '드디어 나도 제대로 사랑을 하겠구나' 하고 만면에 환한 미소를 지었으니까.

"너는 나를 사랑하지 않았어도 나는 너를 사랑했어."

대수롭지 않은 듯 그런 말을 하는 바나나와 나는 여전히 친구다. 가족 같은 사이가 돼버린 그는 나보다 훨씬 여유 있는 모습으로 과거를 회상한다. 훌쩍 더 자란 어른이 돼버렸다.

물론 내가 싫어하던 면도 그대로다. 긴 대화 끝에 어이없을 정도로 삼천포로 빠지는 대답을 하며 나를 열 받게 만드는 단순함. 그러나 정말 변치 않는 다정함으로 그것을 무마시키는 남자다. 그를 바나나라고 지칭하는 무례함마저 용서할 정도로 내 까칠한 건방짐을 너그럽게 받아들인다.

전남편과 헤어진 뒤에야 나는 그에게 제대로 된 사과를 했다. 그때는 정말 미안했고 고마웠다고. 그리고 어렵게 이 말을 토해냈다.

"너는 어둠 속에서 내 곁을 밝혀주는 등롱 같은 남자였어."

연애 시절, 바나나에게 새로운 이름과 내 그림들을 준 것을 조금도 후회하지 않는다. 다시 한 번 내가 줄 수 있는 모든 단어를 행운의 부적처럼 꾹꾹 눌러 담아 그에게 보낸다.

혀긔, 제이, 바나나야.
석양에서 마주친 동창들처럼
어색하게 서로의 안부를 묻는 나이와 사이가 되더라도
내가 네 큰 손을 얼마나 의지했는지,
네가 나보다 얼마나 좋은 사람인지 절대 잊지 마.

신혼집은 삼각형 모양이었다

횡단보도 앞에서 그와의 대화를 되풀이해서 생각하고 있었다.

"네가 이겼어. 좋아?……나는 네 유전자가 땡겨."

손끝이 저리고 위장이 꿀렁거렸다. 내가 이긴 것은 무엇이고, 유전자가 땡긴단 말은 대체 어떻게 해석해야 할까?

"너한테 남자친구가 있어서
나도 여자친구를 만들었어.
우리 조건이 똑같으니까 이제 고백하고 싶어."

그가 마른 몸으로 휘적휘적 골목을 앞서 걸어가며 흘리는 말들을 주워 살폈다. 우리 조건이 동일한가? 방금 다른 여자에게 사귀자고 하고, 바로 그 여자를 택시에 태워 보낸 뒤에 내게 하는 말로는 너무 뻔뻔하지 않나?
하지만 그가 이겼다고 말하기도 전에 나는 이미 알고 있지 않았을까? 아무도 호루라기 불지 않았지만 우리는 몰래 치열한 시합을 벌이고 있었던 게 아닐까? 누구의 마음이 더 큰지, 그리고 누가 그 마음을 더 오래 숨기는지, 커진 마음을 고백 아닌 자백으로 먼저 드러내는 사

사랑과 함께 어둠을 걷는다

람은 누구인지 겨루는. 더 이상 억누를 수 없는 감정과 기묘한 확신을 실토한 사람이 지는 게임. 어쩌면 그 새벽의 나는 그에게 이겼는지도 모른다.

"나를 기다려주면 네게 내 인생을 줄게."

호주로 떠나기 한 달 전, 그가 내게 그의 인생을 약속했었다.
그리고 5년간 사귄 애인과 헤어진 지 3주 만에 그에게 전화를 받았다.
"나 오늘 카지노에서 3000만 원 잃었어."
시작부터 느낌이 좋았다. 적어도 나란 여자는 그렇게 느꼈다. 연인이 될 우리의 첫 통화를 위해 쓴 돈인 듯 착각했다. 3000만 원짜리 수사가 우리의 문장을 장식한다고 여겼다. 처음부터 그의 충동적인 기질에 강하게 끌렸기 때문에 도박으로 돈을 날린 것은 전혀 거슬리지 않았다. 나는 이미 착한 충고들을 잊어버렸고 그를 사랑하기로 결정했으므로 '그가 나를 사랑하는가' 외에 다른 것은 중요하지 않았다.

그는 호주 타투숍에서 일하고 있었고, 내가 그곳으로 가서 자신과 함께 생활하길 바랐다. 나는 그에게 대답했다.
"한국으로 돌아와. 한국에서 할 일이 있잖아."
그는 나와 사귄 지 한 달 만에 호주 생활을 정리하고 한국으로 돌아왔다. 그러고 나서 얼마 되지 않아 그가 일하던 타투숍에서 총기난사사건이 일어났고, 나는 모든 일이 신의 계획대로 진행 중이라고 생각했다. 그는 나를, 나는 그를 만나기 위해 여태껏 기다려왔고 우리에게 일어난 사건들 전부 우리를 같은 자리에 서게 하려고, 하나가 되게 하려고 벌어진 일이라 굳게 믿었다.

'경주마처럼 맹렬하게 달릴 거야.'
소모적인 사랑의 시작은 사랑이 아닌 사건처럼 벌어졌고, 나는 주저 없이 사랑에 빠졌다.

혼돈스럽다면 그와 함께 혼돈스러워야 한다.
타오른다면 그와 함께 타올라야 한다.
완전한 하나가 돼야 한다는 내 주문이 효력을 발휘하는 것 같았다.

결혼이 결정되고 집을 알아보러 다니던 어느 날, 작고 비싼 월세집을 계약하고 마음이 무거웠는지 더 알아보겠다고 나간 그가 급히 보여줄 것이 있다고 했다.
"빨리 와."
허겁지겁 도착한 그곳에 우리의 신혼집이 있었다. 신혼집은 삼각형 모양이었다. 거실 빈 벽에는 누구의 솜씨인지 크레파스로 커다랗게 그린 인어 그림이 붙어 있었다. 서투르게 왜곡된 신체 비율, 관능미 없이 그저 튼튼하고 화사한 사전적 정의에 충실한 인어 하나.
"어릴 때부터 늘 이만하게 큰 인어가 그리고 싶었어."
충족되지 못한 어린 시절의 욕망을 다시 색칠한 어른의 모습이 보이는 것 같아 마음에 들었다.
"네가 좋아할 것 같았어."
"응, 좋아. 너무 좋아."
내가 좋아해서 그는 더 좋아했고, 그가 좋아해서 나는 그 집이 더더 더 좋아졌다.

상수역에서 5분 거리. 도로변 건물의 옥탑방. 주말이면 늘 사람들 시비 붙는 소리, 여러 가게에서 흘러나오는 음악 소리가 뒤엉켜 창문으로 들어왔다.
유흥가를 타고 놀다 집으로 숨어드는 여름밤 향기. 어지러이 코끝을 간질이는 짧고 더운 새벽들의 이야기가 심장을 두드렸다. 한 사람 겨우 걸음 쳐서 들어갈 수 있는 부엌, 욕조 대신 자리한 통돌이세탁기도 싫지 않았다.

신혼집보단 아지트란 말이 어울릴 정도로 매일 그의 친구들이 바쁘게 다녀갔고, 다이소에서 산 머그컵들이 작은 테이블에 무수히 많은 동그라미를 남겼다.
내가 주문한 가구가 도착했을 때 그가 대신 나가 "제 와이프가 주문한 거 같은데요" 하고 어색하게 이야기하는 소리를 듣고, 이불을 머리끝까지 잡아당겨 덮었다. 웃었다. 행복했으니까. 드디어 그에게, 오직 당신 한 사람에게 연결됐다는 기쁨 때문에 이불 속에서 환히 웃었다.
천장에는 쥐들이 살았다. 무척 추운 겨울이어서 쥐들이 싫지 않았다. '찔레꽃 울타리' 시리즈의 들쥐 그림을 떠올렸다. 저 위에서 몇 마리나 살림을 차렸는지 궁금했다. 그들이 바스락바스락 부산히 움직일 때마다 먼지는 천장을 바라보며 털을 곤두세웠다. 종종 난처한 듯이 내게 묻기도 했다.

"진짜 괜찮겠어?"
"알잖아, 나는 괜찮아. 그가 내 곁에 있기만 하면 나는 괜찮아."

전남편이 모진 말로 내 마음을 두들겨 패고 조용히 빠져나간 날에는 그 집의 모든 것이 싫었다. 벽지가 제대로 달라붙지 못하는 울퉁불퉁한 벽면도, 곰팡이가 하나둘 피기 시작한 천장도, 비좁아서 몸을 돌리기 불편한 부엌도, 싸늘한 작업

실도 전부 싫었다. 무참히 버려진 집으로 흘러들어오는 취객들의 웃음소리도 견디기 힘들었다. 주인집 딸이 치는 피아노 소리도 그가 던지고 간 비극적 상황의 우울한 배경음 같아 지긋지긋했다. 놀이터에 홀로 남겨진 아이처럼 시소에 주저앉아 있는 듯해서 무기력하고 외로운 마음을 감출 수 없었다. 천장의 쥐들도 나를 비웃는 것 같았다. 먼지만 내게 다가왔다.

"이럴 줄 몰랐어? 알았잖아."
"나한테는 다를 줄 알았어."
"그의 역사는 반복되는 법이야."

바닥에 누워 우는 내 모습은 삼각형 모양 신혼집에 잘 어울렸다. 고립된 작은 섬 같았다. 식민지였다.
탕! 탕! 탕!
총성이 울리기도 전에 내 언어와 관습을 바꾸고 거기 그렇게 납작 엎드려 있었다. 정복자의 귀환을 바라며, 그의 깃발을 바라보며, 군가를 흥얼거리며. 어쩔 수 없다는 듯 그가 집으로 돌아올 때면 나는 철제 계단 소리만 듣고도 알았다. 아직 화가 났는지. 나를 미워하는지. 그래도 여전히 나를 사랑하냐고 물으며 안기고 싶었다.

사랑과 함께 어둠을 걷는다

부루퉁한 표정, 깜깜한 안방에 누워 휴대전화 게임을
하는 그의 허벅지를 베고 누운 날.
"이겼어?"
"이길 것 같아."
"꼭 이겨."
"……."
침묵을 참지 못하는 내가 다시 말한다.
"꼭 이겨."

천장에 더 이상 쥐들이 살지 않고, 안개꽃만 하던 곰팡
이가 서하 머리만큼 커졌을 때 그 집을 나왔다. 내가
이겼다가, 그가 이겼다가, 그러다 결국 같이 진 게임을
뒤로하고. 그의 유전자와 나의 유전자가 섞인 아이와
함께.
상수동을 영영 떠나던 날, 횡단보도를 건너고 골목으
로 들어서며 나눈 대화, 그의 말을 떠올려봤다. 그는
아직도 내가 이겼다고 생각하고 있을까?

신혼집은 왜 하필 삼각형 모양이었을까?
가끔 우리의 생활을 추억할 때면 삼각형 모서리에 찔
린 듯 심장이 따끔거린다.
행복하고 끔찍했던 날들의 기억이 내 머리채를 붙들고
놔줄 생각을 않는 밤이 있다. 아프고 화나는 불면의

밤. 다시는 돌아오지 않을 날들이 다시는 돌아오지 않
길 바라면서 나를 위해 농담한다.

대체 어떤 남자가 여자한테 사귀자고 하기 전에
3000만 원 잃었다고 이야기하고,
대체 어떤 여자가 그런 소릴 지껄이는 남자랑
결혼하는 거야?
네! 그 얼빠진 여자가 바로 접니다!

작게 웃는다.

아산병원 응급실. 중국 노인의 비명소리가 들렸다. 내가 모르는 언어로 고통을 호소하며 다급하게 누군가를 찾는다. 천천히 눈을 뜨니 내 손을 잡은 전남편의 목소리가 들렸다.
"미안해. 너무 미안해."
전남편이 퉁퉁 부은 얼굴로 이제 자기 안의 어두운 그림자가 없어졌다고, 내 자살 기도로 인해 깨달은 것이 많다고 고해성사를 하듯 속삭였다.
나는 전남편의 손을 뿌리치고 소리 질렀다.
"내가 생각했던 건 이런 게 아니었어. 견딜 수 없었어. 당신은 나를 어둠의 구석으로 몰고 갔잖아. 손을 잡아줄 수도, 안아줄 수도 있었는데."
지금 생각해보면 그는 나를 안아주기도 했고, 손을 잡아주기도 했다. 그러나 그는 도울 수가 없었다. 마지막 순간까지 내게 경멸하는 듯한 눈빛을 보내고 자리를 뜬 것도 사실 그 자신을 보호하기 위함이었다. 함께 무너질 수 없으니 어떻게든 내가 스스로 살아남길 바라며.

그는 항상 차갑게 내뱉었다.
"넌 지금 응석을 부리고 있어!"
나도 그렇게 생각했다.
그는 자기 딴에 최선을 다하고 있다. 그저 어쩔 수 없는 한국 남자일 뿐. 때때로 가부장적인 면을 보이고 있

너는 내가 사랑하는 여자를 죽이려 했어

을 뿐. 다 모성애가 부족한, 이기적인 나의 문제다…….

그러나 정신 차리자고 마음먹을수록 삶이 아득하게 멀어지는 듯했다. 매일 아침 일어나는 것이 두려울 정도로 우울증이 심해졌다.

나라도 나를 살려야겠다는 심정으로 정신과에 가서 짧은 상담을 받고 항우울제를 받아 왔다. 하지만 3개월 이상 복용해야 한다는 그 약은 당장 내게 필요한 위안과 휴식을 주지 못했다. 오히려 약을 먹었음에도 우울증이 사라지지 않았을 때의 공포심이란. 지금, 여기, 이 우울이 영원히 내 안에 자리 잡고 떠나지 않을 거란 믿음이 확고해졌다.

이대로 미쳐가는 걸까?

도태되는 걸까?

서하는 너무 예쁜 아기인데, 나는 왜 서하보다 내 인생이 더 걱정되는 걸까?

그는 점점 싸늘해졌다. '내가 사랑한 여자가 미쳐가고 있다니!' 그런 마음이었는지도 모른다. 그는 상대의 감정을 수용하고 공감하는 것을 두려워했다. 그 역시 너무 예민한 사람이라, 상대의 감정을 그대로 받아들이기란 불가능했다. 그에게는 당시의 내가 이해 불가한 감정과잉, 불행과 파국으로 달리는 폭주 기관차쯤으로 보였을 것이다.

그의 부담감을 이해하면서도, 적극적으로 도움을 청할 사람은 전남편밖에 없다고 생각했기에 어느 오후, 텅 빈 표정의 그를 바라보며 이렇게 이야기했다.

"살려줘. 죽고 싶어."

하지만 상황은 바뀌지 않았다. 친정에 아기를 맡기고 홍대로 돌아오면서도 우리는 아무 대화도 하지 않았다. 간혹 오가는 말이 있다면 그것은 지극히 형식적이고 사무적인 일상에 관해서였다.

마음이 깃들어 있지 않은 소통, 소통이라고 이름 붙일 수도 없는 깡마른 단어들.
페이스북과 인스타그램에서 보는 우리는 완벽한 한 쌍인데, 왜 이렇게 비극으로 치닫는 느낌일까. 부모님에게는 우리의 갈등을 말할 수 없었고, 친구들에게는 수치스러워 밝힐 수 없었다.

그는 점점 더 단호하고 차가워졌다.
그리고 사랑하는 사람에게서 흘러나온 후회의 말.
"내가 어쩌다 이렇게 나약한 여자와 결혼했을까."
송곳 수십 개가 심장을 찌르는 통증.
내가 우는 것도 지겹다던 그의 뒷모습.
도망가고 싶은 남자의 피로함.

친정에 서하를 데리러 가기 이틀 전.
텔레비전을 틀어놓고 거실 소파에 앉아 전남편이 외출 준비하는 소리를 듣고 있었다. 곁에 있어달라는 부탁이 거절당할까 두려워, 부부싸움의 분노가 식지 않아 텔레비전에 시선을 고정하고 있으려니 쾅, 철제 현관문이 닫혔다.
"네가 견딜 수 있는 만큼 견뎌봐."
당신, 너무 부당하고 매정해요.
화를 낼 감각도 잃은 채 과자 봉지를 뜯었다.

죽음은 삶보다 쉬워 보였다. 죽음을 떠올리는 순간 마음이 편해졌다.

거봐, 포기하면 되잖아. 나는 이렇게 엉망인걸.
사랑하는 내 남자의 말대로 나는 어딘가 단단히 잘못됐고,
내 상태는 나아지지 않을 거야.

바삭바삭 건조한 감자칩을 먹었다. 내 설명 불가한 우울함의 유일한 출구가 열리는 듯했다. 그 순간 가족과 전남편의 얼굴은 떠오르지 않았다.
우울은, 자살 집행자의 마음은 그런 것이다. 남겨진 자들의 고통, 나 아닌 모든 자들에게 느끼는 공감조차 상실할 정도로 피폐하게 지쳐 있는 상태.
우울감에서 벗어날 수만 있다면, 삶에서 탈출할 수만 있다면 어떻게 되든 좋다고 생각했고, 실행에 옮겼다.

하루 만에 깨어난 자살 실패자. 멍한 눈빛의 나를 끌어안으며 그는, 여태껏 자신이 내뱉은 잔인한 말들을 보상이라도 하듯 희망찬 미래에 대해 이야기하고, 나를 얼마나 사랑하는지 열변을 토했다. 일시적 흥분 상태에 빠진 사람 같았다.
"당신 탓이 아니야. 우리는 헤어져야 해."
그렇게 말했어야 했다. 가면을 던지고 극장을 나섰어야 했다. 그가 마지막으로 던지고 간 말이 번쩍거리는 식칼처럼 아직 심장에 꽂혀 있었다. 그가 사과한들 뭐가 달라질까. 나는 우리가 끝났음을 알고 있었는데. 아니면 훨씬 더 전에 이미 끝난 사이란 것을 알았기에 더 우울했지 않았을까.
화려한 척 자랑했던 우리의 유대는 모두 가짜였다. 아이를 낳기만 하면 저절로 솟아날 것 같았던 모성애는 여성성에 대한 의문과 미래에 대한 두려움을 증폭시

컸다. 유일한 대화 상대였던 전남편은 더 이상 이야기하고 싶어 하지 않았다. 나는 나를 죽여 이 현실에서 탈출하고 싶었다.
그때 그렇게 이야기했어야 했다.
그러나 나는 내 손을 잡고 우는 전남편의 체온에 갈증을 느꼈고 며칠, 몇 달이라도 좋으니 조금 더 함께 있고 싶은 감정에서 벗어나지 못했다.

부모님의 마음고생이 어땠을지, 아직도 상상할 수가 없다. 손녀까지 맡기고 작업하겠다던 딸이 자살을 기도하다니. 무책임하게 어린 핏덩이를 남긴 채로.
죄스럽고 민망하고 겸연쩍어, 아무 일도 일어나지 않은 것처럼 단순한 실수였던 것처럼 부모님을 대했다. 철없는 딸을 둔 부모님의 고통을 외면하면서도 나는 서하가 너무 보고 싶었다.
'나를 버리고 떠났으면서……'
말도 못 하는 딸이 그런 말을 할 리가 없지만, 언젠가 내가 자살을 기도했다는 사실을 알게 되면 얼마나 충격받을까.
퇴원하고 돌아와 친정 거실에서 놀고 있는 딸을 다시 안았을 때, 그 안도감이라니.

다시 한 번 기회를 줄래?
이미 좋은 엄마가 되긴 글렀지만
나쁜 기록을 남겼지만
강한 엄마가 될 기회를 줄래?

그렇게 온 가족이 함께 울고 웃으면서, 다시 새롭게 시작하면 된다고 서로를 다독였다. 전남편과 나는 없는 돈에 필요하지도 않은 물건을 사고, 오지도 않을 풍족한 미래를 계획하고, 지루한 클럽에 가서 흥겹지 않은 춤을 췄다.
그렇지만 그도, 나도 알고 있었다. 변한 것은 없다는 것을. 변해야 되는 것이 있다면 그것은 우리의 관계라는 것을.

그리고 그날은 생각보다 일찍 찾아왔다.
어느 날 그가 외쳤다.
"너는 내가 사랑하는 여자를 죽이려고 했어!"
그는 우울증에 걸린 여인과 건강하고 즐거운 부인으로 분리시킴으로써 눈앞의 나를 철저히 부정하고 있었다. 내가 사랑하는 남자가 나를 두려워하고 있었다. 나를 잃을지도 모른다는, 자신이 그 비극적인 상황의 가해자처럼 느껴질 일이 너무 두려웠을 것이다. 광기에 사로잡힌 나는 자신이 사랑하는 여자가 아니라고 철저히 부인하고 싶었을 것이다.
나는 남편과 마지막 전투를 벌였고 우리는 처참하게, 나란히 패배했다. 우리의 은신처에서 도망 나가며 그가 마지막으로 던진 말은 *"네 스스로 서도록 해"*였다. 백번 맞는 말이었다. 비록 당시에는 '혼자'가 된다는 것을 실감하기 싫어, 진실과 마주하는 것이 끔찍해 큰 소리로 울며 바닥을 굴러다녔지만 말이다.

형편없는 대본을 들고 감정이 이입되지 않는 연기를 하던 가엾은 우리 둘.
무대 위에서조차 서로를 사랑하는 것에 실패한 배우들.
아무도 없는 관객석을 의식하지도 못한 채 꾸역꾸역 읊어댄 대사들.

지금도 가끔 중환자실, 중국 노인의 비명이 생각난다. 당시의 고통을 복습하듯 그의 목소리와 전남편의 눈물이 슬픈 선물세트처럼 내 마음으로 배달된다.

땡동!
"받고 싶지 않아요."
"당신이 주문했는걸요."

우리가 했던 연극의 제목은 무엇이었을까? 내 마지막 젊은 날의 애인. 미치도록 사랑했던 기억들에 나는 천천히 암막을 내렸다.

안녕, 사랑했던 사람.
어두운 쪽의 애인은 젊은 날의 애인.
연극이 끝났어요. 부디 당신 자유롭기를.
카리스마가 부족한 두 배우가 무대를 떠난다.

배경음악은 크리스 아이작의 〈위키드 게임(Wicked Game)〉.
마지막 구절을 흥얼거리며 결혼이 끝장났다.

"아무도 아무를 사랑하지 않네."
(Nobody loves no one.)

우리는 왜 헤어졌을까

"왜 헤어졌어?"
"글쎄, 왜 헤어졌지?"

이혼 사유를 한 줄 요약해주고 싶지만 불가능하다. 단박에 명쾌한 답을 던져줘야 할 것 같은데 '왜?'라고 생각하는 순간, 결혼생활의 문제점들이 서로 자기가 주인공이라며 다투기 시작한다.
그중 제일 시끄럽게 소리 지르는 둘을 잡아 세운다.
한 녀석은 '육아 우울'.
다른 녀석은 '정치적인 견해와 태도의 차이'.
나름 객관적이고 공정하려고 애써서 붙인 이름이다.
"정말 솔직히 네 입장에서 왜 헤어졌다고 생각해?"
지나치게 친절한 누군가가 내 원한을 풀어주려 다시 물어준다면 나는 사랑했던 남자의 비겁함이라고 대답할 것 같다. 마초의 가면을 쓴 한결같은 비겁함. 그리고 나를 짓밟고 비웃으며 끝까지 의리를 지킨 남자의 나약함.

전남편 밴드의 뒤풀이 자리에서는 늘 일베 용어가 남발됐다. 정치적 주제가 간신히 테이블에 오르기도 전에 "전라도냐?"라는 말이 튀어나왔다. 진보 성향을 가진 밴드를 언급하면 "빨갱이들"이란 말이 튀어나왔다. 멤버들이 나를 공격적으로 조롱하고 서로의 얼굴을 마주 보고 낄낄거려도, 정치적으로 아무것도 모르고 일정한 프레임에 갇혀 해석되고 싶지도 않다며 전남편은 늘 미지근한 태도를 취했다. 내가 속으로 분노하고 상처받는 줄 알면서도 끝까지 회색이길 고집했다.

그리고 세월호 사건이 일어났다. 페이스북 타임라인은 분열됐다. 애도를 표하는 쪽과 애도하는 분위기가 역겹다며 유가족을 인신공격하는 쪽. 전남편 밴드 멤버들, 그들과 정치 성향(그것을 정치 성향이라 할 수 있을지 모르겠지만)이 같은 주변 친구들은 후자였다.

평소에도 고인이 된 전 대통령들의 합성사진을 올리고 욕설을 퍼붓는 그들이었지만, 인간에 대한 기본적인 예의도 상실한 채 농담 따먹기와 조리돌림을 하는 모습을 보자니 가슴이 갑갑했다. 페이스북에 가득한 노란 리본이 보기 싫다며 노란 브래지어와 팬티 사진을 올려놓고 낄낄대던 그들.

세월호 추모 공연 섭외를 의논하는 단체 카톡방에 뜬 대화는 더 가관이었다. '빨갱이들이랑 공연하기 싫다'며 이죽거리는 기타리스트의 태도에 신물이 났다. 그가 내뱉은 무지하고 폭력적인 단어들을 더 이상 견디고 싶지 않았다.

나는 전남편에게 더 이상 그의 공연을 보러 가지 않을 것이며, 거짓 노래들에 동조할 수도 없다고 선언했다. 유식한 단어들을 나열할 수 있는 진보 논객, 활동가는 아니지만 다양성과 진보적인 가치를 믿는 문화적인 좌파로 살아가고 싶었던 만큼, 내가 선택한 남자의 환경을 먼저 바꾸고 싶었다.

그는 드러머와 기타리스트를 정리했다. 정치적인 입장 차이가 아니더라도 인간적으로 서로 실망한 사이였고, 합주가 끝난 뒤에도 기쁜 모습으로 돌아온 적이 없었기에 나는 그것이 당연하고 자연스러운 처사라 여겼다.

밴드의 재구성, 언젠가는 해야 할 일이었다. 그가 쓴 노랫말들이 힘을 얻고 진실성을 획득하길 바랐기에 새로 들어올 멤버들이 냉소보다 공감과 투쟁의 가치를 아는 사람이면 했다. 밴드 생활에 많이 지쳐 있었던 만큼 그에게 창의적인 활력을 불러일으킬 인연이 절실했다.
그러나 그런 일들조차 우리 결혼생활에서 언쟁의 불씨가 됐다.

그는 기분 좋은 날에는 "네 덕에 사람 보는 눈이 달라졌다"고 했고, 화가 난 날에는 "너 때문에 내 주변에 사람이 없다"고 했다.

오락가락 괴로워하던 그가 어느 날 진실을 털어놨다. 멤버들을 내보낼 때 솔직하지 못했다고. 앞으로 더 이상 밴드를 하지 않을 거라 둘러댔다고. 미움받기 싫어 거짓말했으며 사실 그들을 떠나보내기 싫었다고.

무리를 잃은 늑대는 혼자 살아남지 못한다. 나는 내가 무리를 찾는 쓸쓸한 늑대라고 생각했는데, 진짜 늑대는 전남편이었다. 그가 알고, 살아갈 수 있는 세계는 그들이 속한 그곳밖에 없었던 것이다.

그제야 깨달았다. 내가 전남편의 세계를 바꿀 수도, 거기에 속할 수도 없음을. 우리가 같은 기질을 갖고 있다고 믿었지만, 서로가 지향하는 삶의 태도는 너무나 달랐다. 전남편을 통해 어떤 변화라도 일으키고자 했던 시도는 아주 어리석었다.

사랑과 함께 어둠을 걷는다

그가 20대에 쓴 치열한 노랫말들에 감명했고, 가슴 두근거렸다. 명쾌한 분노, 카타르시스, 혁명가처럼 좀 더 용기 있는 말들을 가슴에서 끄집어내 성장하길 바랐다. 당신은 당신 생각보다 더 대단한 예술가라고 격려하고 싶었다. 세상이 그의 가치를 몰라준다고 생각했다. 쇼가 돼버린 분노, 자기분석력 없는 복제물들, 진심이 담기지 않은 노래들의 시간이 끝나면 과거의 저항심 가득한 청년이 돌아올 거라 믿었기에 창작하라 응원했다.
그런데 그도 나와 같은 것을 원했을까? 특이한 잔소리에 불과하지 않았을까?

그에게 있어 우리의 결혼생활이란, 홍대 역사에 길이 남을 펑크 키드가 어쩌다 신경증적이고 미친 '빨갱이의 딸'과 결혼해 친애하는 친구들을 잃은 과정이었을 것이다. 공감 가지 않는 나의 분노와 통제에 숨이 막혔을 것이다. 압박감도 만만치 않았을 것 같다.
일베에서 오유로, 친박에서 비박으로, 멤버들의 정치 성향은 다양할 수 있다. 그러나 음악에 담긴 분노의 뿌리, 창작하게 만든 근본적인 원동력을 상실했을 때 그의 젊은 시절 노래들도 전부 의미를 잃고 마는 것이 아닐까. 타성에 젖은 좀비 같은 전진.
내가 마지막으로 목격한 그는 자기성찰적인 분노로 넘어가지 못한 채 모든 게 '좇같다'고 공허하게 외치고 있을 뿐이었다. 더 이상 중요한 화두는 없었다.

그는 스스로 성장하길 멈춘 소년 같았다.

아직도 "정태춘 빨갱이 아니냐"란 이야기를 농담으로 무마하려 했던 전남편의 모습이 떠오른다.

아빠는 전남편의 밴드를 자랑스러워했으며, 그의 무대 위 페르소나, 불안함이 매력적이라고 여러 번 칭찬했다. 작업실 기타에는 그의 밴드 로고 스티커가 붙어 있었다. 전남편이 자유로운 창작자라는 것에 백번 동의했기에 경제적인 도움도 줬다. 예술가로 살아갈 수 있도록, 가족이 된 만큼 형편 닿는 대로 도와주겠다는 것이 아빠의 배려였다.
그의 친구들 말대로 일베의 종북·빨갱이 리스트에 올라 있는 사람일지는 몰라도, 내가 아는 정태춘은 무지개색 남자다. 젊고 서투른 창작자들을 다독이고 끌어안으려는 예술가다.

아침마다 걸레질하며 생각했다.

나는 과한가.

답을 안다. 과하다. 넘친다. 줄줄 샌다.
어디가 어떻게 새는가. 무엇이 새는가.
서투른 문장이, 참담한 마음이, 부끄러운 눈물이, 그리고 때때로 붉고 뜨거운 분노가 걷잡을 수 없이 쏟아졌다.

이혼 후 시간이 많이 흘렀다. 하루가 영원 같았던 만큼, 몇 개월 안 되는 시간을 돌아보며 '긴 세월 버텨냈다'고 과장해서 스스로를 부축했다. 예민한 천성은 변함이 없지만, 심장은 다시 뛰고 있고 예전과 같은 분노로 괴로워하지도 않는다. 나를 해독하고 멀리 바라보는 '명! 상! 의 시간'도 가져본다. 그리고 이런 결론에 도달했다.

우리의 차이를 바라보게 만든 '빨갱이' 발언이 참 고맙다고. 심지어 좋은 선물이라고. 기꺼이 받겠노라고.
페이스북에 흘러 다니는 갖은 현명한 말씀들에서 언뜻 읽었다.
"상대가 나를 모욕해도 그것을 받지 않으면 됩니다."
그러나 나는 받아들이기로 했다. 기 세 보이는 나를 짓누르기 위해 던진 '일상적인 조롱'. 그런 농담과 공존하며 상처받은 마음의 평화까지 지켜내야 했던, 애증하는 남자와 격렬하게 반목했던 과거는 다 지나갔다.

나의 정치색은 스스로 획득하고 의식화한 무엇은 아니되 아빠로 인해 주어진, 어깨너머로 지켜본 사회 환경으로 인해 굳어졌다. 어리둥절 20대를 지나서야 겨우 그런 성장 조건들을 미숙하게나마 해석하고 받아들이게 됐다.
전남편과 마찬가지로, 나 역시 규정에 갇히고 싶지 않다. 그러나 두려움 때문에 나 자신과 주변 사람들을 속이며 움츠린 채 살아가고 싶지도 않다. 다 큰 여자로서 큰 괄호 안에 단어들을 채워 넣으며, 반대편 괄호를 닫지 않은 채 살고 싶다.
살아 있는 동안 끊임없이 타인들에게 정의되고 특정한 방식으로 재단돼 그 어떤 이름으로 불리더라도, 적어도 나만은 나를 '무엇'이라고 한 가지 역할, 정체성으로 고정하지 않을 것이다.
내 천성을 파악한 다소 비겁한 생존 전략일지라도 스스로를 모호함 속에 던져놓고, 수많은 변화와 갈등을 통과하고 소화하는 존재로서 유연하게 여러 삶의 태도와 관점을 흡수하며 살고 싶다.
그런 이유로 나는 전남편 지인들의 조롱을, '안 우낀' 종북몰이를 받아들인다. '빨갱이'는 내가 거부하고 도망 다녀야 하는 단어가 아니다. 분노의 생채기, 그로 인한 우울.

엘리자베스 워첼의 말처럼, 우울이 경찰의 저지선이나 바리케이드 같은 것이라면 빨갱이는 나의 차벽, 폴리스라인이다. 넘어서리라는 일념(혹은 잡념)으로 바라보고 방법을 모색한다. 왜냐하면 그것을 넘어서는 일만이 나를 자부심 있는 개인으로, 그러나 아빠와는 다른 세계관을 가진 인간으로 성숙하게 만들기 때문이다.

이혼 과정 중 나는 참으로 수다스러웠다. 전남편의 밴드에 대해 참아왔던 분노를 터뜨렸고, 정제되지 않은 말들을 쏟아냈다.
무엇이 진실일까.
전남편과 나의 기억이 다르다. 내가 원색적으로 비난한 그의 모습은, 내게만 더 아프게 느껴진 것일 수도 있다. 그는 어쨌든 서하를 사랑하는 아버지고, 의리 있는 친구다.
그런 면모를 알면서도, 그를 독하게 서술한 말들을 철회할 생각은 없다. 그라는 사람이 내게 얼마나 파괴적으로 작용했는지 기억할 필요가 있다.
최후의 순간에 비열했던 자는 언제든 다시 그럴 수 있다는 비관이 확신처럼 들어서 있다.

그의 역사는 반복되는 법 아니던가.
(His story repeats itself.)

딸이 자라면 전남편의 장점과 단점을 정확히 알려줄 것이다. 그의 존재가 서하의 자존감에 타격을 줄 정도로 왜소해지거나 우상화되지 않도록 조율하는 것이 나의 큰 숙제다. (나에 대해서는 살아보면 알 것이다. 모녀 갈등은 숙명 아니던가.)
엄마도 아빠도 결함 많은 인간임을 솔직하게 말해주고, 반면교사 삼으라 일러두고 싶다. 우리의 잘못된 역사를 숨기고 싶지 않다. 거짓말하지 않을 것이다.

나는 분노와 함께 어둠을 걷고 있었다. 주저앉고 싶은 것을 참고, 분노를 양식 삼아 빛을 찾아 걸어가고 있었다. 어둠에 잠겨 질식할 것 같을 때도 거칠게 소리 지르며 나를 드러내려 애썼다.
그런 과정을 거쳐서야 겨우, 내게 일어난 일들의 답을 찾을 수 있게 됐다.

나는 이제 나 자신의 빛과 어둠을 똑바로 쳐다본다.
빛뿐 아니라 어둠에도 제 몫의 역할과 힘이 있다는 것을 안다.
때로는 빛을 만나기 위해 어둠으로 걸어 들어가야 한다.

사람들이 걱정하던 나의 거친 날들은 이제 지나갔다. 하지만 아직도 빛과 어둠의 경계에 서 있다. '잊지 않기 위하여' 분노, 슬픔, 기쁨 사이의 모든 감정들을 느끼며 촉각을 곤두세운다.

나의 첫 디지털 EP는 나에 대한 아빠의 사랑이자 내 치유의 과정이었고, 또 결별한 연인에게 보내는 마지막 연애편지, 육아 일기였다.

Chapter 4

노래와
미발표 욕망들

러브 피스 육아 뮤직,
응석부리지마레코드 이야기

첫 번째 이야기

건강한 여아를 출산한 정새난슬은 응석부리지마레코드의 사장이 됐다. '응석부리지마 대표 정새난슬'이란 자개 박힌 명패가 생겼다. '미드에 출연하는 아시아 조연 배우 분위기'의 프로필 사진도 찍었다.
레코드사의 이미지 확립을 위해 소속 뮤지션이 직접 퍼포먼스에 참여한 콘셉추얼 아트워크를 선보였다.
디자이너는 레코드사의 머천다이즈를 만들어 배포했다.
기획자는 페이스북 계정을 만들어 홍보했고, 그러는 사이 뮤지션은 새로운 곡을 두 곡이나 완성했다.

사장 하나, 뮤지션 하나, 디자이너 겸 스타일리스트 하나, 기획자 겸 매니저 하나. 다 합해서 넷.
사장은 육아 때문에 최소한의 스케줄도 부담스러워 했고, 뮤지션은 소심하기 그지없었다. 디자이너 겸 스타일리스트는 트렌드 파악이 늦어 대중에게 어필하지 못했다. 기획자 겸 매니저란 인간은 입만 열면 시끄러워서 자꾸 긁어 부스럼을 만들었다.
응석부리지마레코드는 이처럼 골 때리는 인물들로 이루어졌다. 이들의 캐치프레이즈는 '러브 피스 육아 뮤직.' 이보다 더 황당한 점은 이 네 명이 실은 단 한 사람이란 것이다.

그렇다. 그 네 명이 바로 나다. 1인 4역 정새난슬.
다중이로 행동하고, 직함을 다르게 한 데는 이유가 있었다.
1인 1역으로 발버둥 치며 살아가는 두 번째 이야기가 있다.

두 번째 이야기

서하를 낳고 목적의식을 상실한 채 멍하게 살던 정새난슬은 마포세무서에 가서 사업자등록을 했다. 월세집 주소를 사무실로 기재하고 나와서 바로 자개 명패를 알아봤다.

전남편을 졸라 작업실에서 프로필 사진도 찍었다. 무료한 날에는 전남편의 바지와 구두에 종이를 채워 넣고 남자 하반신 소품을 만들었다. 그 소품으로 남자 바짓가랑이에 매달리는 한심한 여자 사진을 찍었다. 외로이 홀로 그림을 그려 스티커도 제작했다.

페이스북 계정을 만들었지만 딱히 홍보할 생각은 없었고, 당연히 '좋아요'를 누르는 사람도 별로 없었다.

울적했기에 노래를 두 곡 더 만들었다.

첫 번째 이야기를 읽으면 바쁘고 당찬 정새난슬의 이미지가 떠올라 가슴에 긍정 파워가 치솟지만, 두 번째 이야기를 읽으면 초라하고 구차한 정새난슬이 안타까워 혀를 차고 싶어지지 않는가.

레이블 임직원 단체사진(네 명의 나를 포토샵으로 합성한)을 찍지 못해 사람들은 잘 모르지만, 당시 내 머릿속에는 개성 강한 네 여성의 모습이 명확하게 들어 있었다.

왼손에는 젖병, 오른손에는 마이크를 들고
섹시한 척하지만 실제로는 어색한 뮤지션 정새난슬.

진달래색 투피스 정장에 금테 안경을 쓰고 큼직한 액세서리를 주렁주렁 단 사장 정새난슬.
왼손에는 젖병, 오른손에는 마이크를 들고 섹시한 척하지만 실제로는 어색한 뮤지션 정새난슬.
미니멀스타일 블라우스를 입고 쿨한 미소를 짓는 디자이너 겸 스타일리스트 정새난슬.
뿔테 안경을 쓰고 후드티에 맥시드레스를 입은 기획자 겸 매니저 정새난슬.

여러 모습으로 존재하는 나라니 얼마나 흥미진진한가. 나는 첫 번째 이야기가 두 번째 이야기보다 훨씬 재미있었다. 혼자서 많이 웃었다. 진짜 많이 낄낄거렸다.

이제 와서 실토하는데 나는 저 모든 짓을 웃겨서 했다. 정확히는 '웃으려고' 했다. 산후, 육아 우울로 지친 엄마 정새난슬을 응원하기 위해 다른 네 명을 만들어낸 것이다.
엄마 아닌 이름은 모두 잃어버릴까 봐 두려웠던 나는 나를 위한 작은 프로젝트를 원했다. 창의적인 장난으로 나다운 활력을 되찾고, 출산 전에 세운 계획들을 실천할 수 있을 것이란 희망을 갖고 싶었다. 그래서 사업자등록을 하는 날 첫 단추를 끼우는 순간부터 장난기가 발동했고, 그렇게 '응석부리지마레코드'라고 이름 지은 것이다.
'응석 부리지 마'는 전남편이 내게 자주 하던 말이었다. 이 말을 들을 때마다 부아가 치밀었다. 그런데 속으로 '응석 부리지 마. 응석 부리지 마……' 하고 되풀이하다 그만 정이 들고 말았다.
'응석'의 애처롭고 귀여운 어감, 멈춰 있지 않겠다는 아줌마의 다짐, 전남편을 향한 삐침이 섞인 레이블 이름은 당시 내 심리를 나타내는 상징 같은 것이었다. 겨우 사업자등록을 했을 뿐인데도 며칠간 의기양양하게 지낼 수 있었다.

그러나 혼자 하는 축제의 기쁨이 오래가기는 힘들었다. 삶으로 놀이하고 싶었던 응석부리지마레코드는 결혼생활이 흔들리고 내 우울이 극에 달하면서 문을 닫고 말았다. 애초에 공간이 없었던 만큼 문을 열 것도 닫을 것도 없었지만, 무기력에 시달리던 어느 날 응석부리지마레코드가 있는 내 마음속 문을 닫아버린 것이다.

이혼 뒤 소란스러운 마음이 가라앉자 예전과 같은 놀이로 나를 격려하고 싶어졌다. 평범한 하루를 특별하게 만드는 비일상의 사진들을 찍기 시작했다.

유치한 핑크 드레스를 입고 서하와 놀이터에 갔다. 남장을 한 날에는 회사원 정새난슬과 술을 마셨다. 꽁꽁 묶인 정새난슬은 자기검열로부터 자유로워지려 발버둥도 치고, 나무 아래 누워 먼 꿈의 세계로 건너가기도 했다. 단지 즐겁기 위해, 내 다양한 모습을 되찾을 목적으로 벌인 일들이었다.

그야말로 '생쑈' 하는 딸의 모습에 반신반의하던 아빠도 내 계획과 의도를 이해하고는, 단순히 내 사진을 찍는 데서 벗어나 더 적극적으로 작업에 참여했다. 새로운

콘셉트를 제안하거나 표정이 살아 있지 않다고 지적하며 직접 시범을 보이기도 했다.
음악 작업을 시작하고 난 뒤에 응석부리지마레코드를 먼저 언급한 것도 아빠였다.
재미있었지만 혼자서 뭐든 해보려 애쓴 기억들이 그리 달갑지 않아 정새난슬 뮤지션은 공식적으로 응석부리지마레코드를 떠나기로 했다. 혼자서는 할 수 없는 일들이 많다는 것을 인정하고 도움을 구하기로 했다.

나 하나를 넷으로 쪼개어 운영했던 레이블은 아직 다시 오픈할 예정이 없다. 사업자등록증의 유무가 심장을 다시 뛰게 하지는 않는다.
시간이 많이 흘러 제대로 된 레코드 레이블을 시작하게 된다면 '응석부리지마'란 이름은 떼어낼 것이다. 과거가 아닌 현재, 더 나아질 미래를 암시하는 이름을 붙일 것이다. 좋은 사람들과 꾸려갈 레코드 레이블을 만들어 나만의 축제가 아닌 우리의 축제를 기획하고 싶다.

아빠 정태춘과 엄마 박은옥

'가요계 대물림 2세 가수들'이란 헤드라인을 단 기사에서 내 이름을 발견하고 깜짝 놀랐다.
내가! 가요계에! 데뷔한 것인가!
웃긴 것은 "이제 연예인도 대물림하냐"는 댓글이었다. "아빠, 연예인이라던데?" 하며 웃었더니 아빠가 "내가? 내가 무슨 연예인이야? 텔레비전에 나오는 사람들이 연예인이지" 했다.
내가 생각하는 연예인과 가요계도 그런 것이었다. 내가 과연 가요계에 데뷔한 걸까? 가요계, 가요계, 여러 번 발음해보는데도 실감이 나지 않았다.

이혼 후 아빠와 함께 일종의 치유 프로젝트를 시작했다. 바닥에 납작 엎드린 내게 아빠는 응원 이상의 도움을 주고 싶어 했다. 그렇게 내 곡들을 함께 편곡하게 됐다. 아빠와 함께 음악을 하다니, 상상도 못 한 일이었다.
음악적 재능이나 가창력은 엄마가 나를 품었을 때 신이 깜박 빠뜨린 능력으로, 오랫동안 나를 지배한 가장 강력한 콤플렉스였다.
부모님이 가수란 이유로, 새 학기가 되면 선생님이 노래를 시키곤 했다. 당시의 나는 교실 앞에 나가면, 신이 차마 챙겨주지 못한 음악적 재능이 훌쩍 날아와 내 성대에 마법을 부려주지 않을까 하고 은근 기대하곤 했다. 그러다가 내 바이브레이션이라곤 없는 평범한 목소리와 주눅 든 태도에 실망감을 감추지 못하는 선생님, "뭐? 가수 딸? 난 모르는 사람들인데?" 눈을 동그랗게 뜬 친구들을 보고는 번번이 쥐구멍이라도 찾아 숨어버리고 싶었다.

내 자리는 늘 무대 뒤나 관객석이었다.
음악과 나는 아주 가까웠지만 또 그만큼 멀었다.

인터뷰 때 나이를 착각하는 바람에 20대 후반부터 음악을 만들기 시작했다고 대답하고 말았지만, 기타를 처음 품에 안은 때가 정확히 서른이었다. 늦어도 한참 늦은 나이에 아무런 기대 없이 취미로 시작한 기타였다.
첫 레슨 후 혼자서 연습하다가 나도 모르게 그날 배운 코드로 노래를 만든 것이 시작이었다. 그러고 보면 재능이라기보다 대물림에 가까운 특혜를 누리는 건지도 모르겠다. 작사, 작곡은 음악을 하려고 마음먹은 사람들이 작정하고 하는 것이 아니라, 그냥 삶을 풀어내는 것이라고 느끼며 자랐다. 그래서인지 높은 문턱을 느끼지 못하고 쉽게 그 영역 안으로 들어간 것이다.
무엇보다 스스로 그리 기대하지 않았던 것이 오히려 노래를 만드는 데 큰 도움이 됐다. 어차피 내 인생에서 중요한 역할을 할 재능이 아니라고 생각했기 때문에 십자수 놓듯 편하게 아무런 강박 없이 즐길 수 있었다.

십자수가 완성되면 액자 맞춰 방에 걸어놓듯
나도 노래를 완성하면 혼자 부르고 들으며 즐겼을 뿐이다.

취미에 불과했던 노래를 진지하게 생각하게 된 것은 조금 뒤의 일이다. 음악성에

구애받지 않았기에 자유로웠고, 하고 싶은 이야기들을 노래하고 싶은 열망이 사그라들지 않아 계속 곡들을 만들었다.

그렇게 만든 곡들로 '새난쓰리'란 밴드를 하게 됐다. 창작과 노래의 즐거움을 알아버려 이전으로 돌아가지 못하는 상태에 이르고서야 비로소 나의 것들을 세상에 보여주고 싶은 마음이 생겼다.

부모님의 강력한 지지가 가장 큰 힘이 됐다. 어쩌면 이것도 대물림일까? '너의 그 결정을 쌍수 들고 찬성한다'는 반응은 음악 하는 집안이 아니고서야 쉽게 얻을 수 있는 것이 아니니까.

결혼과 출산, 육아로 지연되고 이혼으로 모든 계획이 수포로 돌아가게 생긴 상황에서, 아빠와 함께한 날들이 오히려 전화위복이 됐다. 그렇게 내 노트 속 이야기들이 활기를 찾았다.

그러나 다들 그렇듯, 사춘기 때 음악 좀 들었다고 내게도 추구하는 방향, 취향, 고집이 있어 아빠와 한참을 헤맨 것도 사실이다. 이마 맞대고 고민도 많이 했다. 서로의 음악적 정서가 달라 다투기도 했다.

아빠가 기껏 아름다운 대선 간주를 만들어놓으면 "아냐, 아냐……. 더 소박하고 조촐한…… 아! 허접하게!" 이상한 요구를 하는 딸.

아빠가 "그건 제대로 된 음악이 아니잖아" 야단치고, 나도 지지 않고 "그게 나잖아" 답하고. 그러다 의견 차이가 커지면 토라지고 화내고.

엄마가 불난 집에 기름 붓듯 "네 아빠가 리듬감이 없어 처져" 한마디 덧붙이고, 세상 모든 일에 대립하는 내가 그때만은 "내 말이 그 말이야. 비트가 음악의 심장인데" 맞장구치고.

'편곡이 식상하다' '구태의연하다' 같은 생전 듣지 못한 비평에 지쳤는지 아빠는

"이만하면 훌륭하지 뭘……".
그렇게 나와 아빠는 적정선에서, 아니 우리의 최선에서 타협했다.

그리고 아빠 말이 맞는다. 훌륭하다. 이혼으로 산산조각 난 딸을 키워주고 붙여주고 다독여주고 다시 노래하게 만든 나의 아버지가 참 훌륭하다. 사람들이 생각하는 것보다 훨씬 더 많이.

부모 그림자에서 벗어나지 못한다고 자신을 조롱하고 힘들어하던 시간을 지나,
그 그림자 곁에서 함께 상상하고 성장할 수 있다는 것을 뒤늦게 깨닫고
나는 내가 오를 수 있는 계단을 찾았다.
나의 첫 디지털 EP는 나에 대한 아빠의 사랑이자 내 치유의 과정이었고,
또 결별한 연인에게 보내는 마지막 연애편지, 육아 일기였다.

'가요계'는 은하계처럼 먼 단어, '검열받지 않는 영혼'이길 바랐던 아빠, 거실에 앉아 노래를 만들고 "어떠냐?" 하며 내게 들려주던 아빠. 대물림을 했다면 아마도 '그러한 삶의 방식'일 것이다. 자신의 이야기를 멈추지 못하는 자들이 갖는 고유한 속성 말이다.
그래도 여전히 누가 내게 "음악적 재능을 물려받았군요" 하면 도리질을 한다.

반짝거리는, 도저히 무시할 수 없는
발군의 음악적 능력 같은 거 여기(내게) 없어요.
그냥 표현하고 싶은 가없는 욕망만이
소박하게 때로 제 분수를 잊은 채…… 펄떡거리죠.

미발표 욕망들

참다 못해 화를 내는 사람처럼 내가 노래할 수밖에 없는 곡들은 다 내가 경험한 일, 과거의 기록이다. 멜로디에 얹어 고백하는 글들. 겪어서 안다. 진심일 때만 용기가 난다. 나는 내가 아는 것들, 익숙한 말들, 참으로 와 닿는 단어들만 노래할 수 있다.

상상 속 나는 뮤직박스를 만드는 여자.
작은 세계와 역사에 관한 노래가 이미 들어 있는
뮤직박스를 들고 천천히 태엽을 감는다.
그렇게 흘러나오는 곡조들이 내 음악의 전부다.

뮤직박스가 아닌 훌륭한 악기를 들고 연주하는 사람이면 더 좋았겠지만, 나만의 뮤직박스를 만들 수 있다는 것만으로도 흡족하다.

끊임없이 만들다 못해 이제는 숨겨둔 이야기들이 수두룩하다. 늘 과거에 관한 노래들만 만든 것은 아니기에. 소설을 읽다 문득 좌초된 욕망들이 떠올라 있지도 않은 가상의 연인을 떠올리며 만든 노래들.
진행되지도 않았고 완결되지도 않을 상상 속 사랑은 현실의 사랑보다 더 밀도가 높았고, 이상하게도 더 슬펐다. 그래서 끝까지 완성할 수가 없었고 차마 노래할 수가 없었다.

특히 〈너와 함께한 이틀간의 오후〉란 곡이 그렇다. "우리는 환상과 문학에 지쳤다"란 구절이 나오는 아나이스 닌의 일기를 읽다가 걷잡을 수 없이 외로워져서 만든 노래로, 혼자여도 행복한 날 고독도 즐길 만하다 싶어 흥얼거리곤 한다. 부르는 순간은 행복하지만 끝내고 나면 막막하고 허전해진다.

너와 함께한 이틀간의 오후

네가 잘 아는 모텔로 들어가
암갈색 카펫 위를 걸으며 숫자들을 살펴
너는 내게 커튼을 쳐달라 부탁하고
나는 네게 이제 지쳤다고 눈물을 터뜨려
햇살은 부드럽게 후퇴하고
너는 아무 말 없이 옷을 벗어
너와 함께한 이틀간의 오후
너와 함께한 이틀간의 오후

헤어지자고 마음먹은 애인과 보내는 마지막 이틀. 아무런 긴장감도 맴돌지 않는 건조한 모텔, 그와 내가 늘 가는 곳. 혹은 그가 제일 잘 아는, 다른 여자와의 추억도 깃들어 있는 곳.
나는 그 모텔에 들어가 그의 목덜미를 응시하고 발아

래 카펫 색을 살핀다. 축축한 욕망이 스민 암갈색. 무뎌진 마음의 둑방이 천천히 무너지는 것을 느끼며, 방에 붙은 번호를 바라본다.

몇 호실일까. 우리의 오늘은 어떤 숫자로 기억될까. 어떤 말들을 얼마나 더 나눠야 우리 관계가 달라질까.

끝을 내자. 마음에 물이 차기 시작하고 남자의 목덜미를 응시하는데, 그가 커튼을 쳐달라고 부탁한다. 밝은 햇살 때문에 공기 중의 먼지들, 산만하게 움직이는 모양이 거슬려서, 영원히 함구할 우리의 관계에 대한 정의라도 내리듯이.

참다 못한 나는 눈물을 터뜨리고 이제 지쳤다고 말한다. 그런 내 모습에 익숙하다는 듯 그는 한 마디 말도 꺼내지 않은 채 옷을 벗는다.

목적 없이, 습관처럼, 슬픔을 주체하지 못해 같이 보낸 하루.

미련을 주워 담느라 또 같이 보낸 하루.

꿈속에서 오전을 제외한 이틀간의 오후를 함께 보내고, 나는 그를 떠난다. 두고 온 것이 없나 뒤를 돌아보면 다시 그에게 돌아갈 것 같아 '나약한 마음아, 기운을 내라' 발걸음을 옮긴다.

가상의 애인과 헤어져 울상 짓고 있다니⋯⋯. 문제는 내가 그 '환상'을 오롯이 품고 즐긴다는 것이다.

긴 연애를 마무리 지을 즈음에는 새로운 연인에게로 떠나는 곡도 만들었다. 어쩌면 내 심리 상태를, 가장 솔직한 심정을 담았는지도 모른다.

전남편과 만나기 전, 불길한 매력을 풍기는 남자에 관한 노래들이 많이 태어났다. 내가 품고 있던 그에 대한 환상, 이미지들에 현혹돼 지어낸 곡들이어서 지금 와서는 굳이 다시 부르고 싶지 않다.

너의 것은 다 좋아

불길한 매력 그늘진 체취
거칠은 제스처 완강한 음성
너의 것은 다 좋아, 좋아
마음의 불길은 나를 감싼 채 번지고
노련한 운명은 미끼를 던진 채 사라져

불길한 매력 그늘진 체취
거칠은 제스처 완강한 음성
너의 것은 다 좋아, 좋아
초연한 시간은 나를 잊은 채 흐르고
돌아온 계절은 너의 그림자를 키우네

불길한 매력 그늘진 체취
거칠은 제스처 완강한 음성
너의 것은 다 좋아, 좋아
간지런 욕망은 나를 깨우며 스치고
환상과 감정은 잠재운 어제를 일으켜

너의 것은 다 좋아, 좋아
너의 것은 다 좋아, 좋아
너의 것은 다 좋아, 좋아

노래와 미발표 욕망들

너의 모든 것이 좋아서 죽어도 좋은 밤 가운데 낭만적인 절정을 달라고 호소하던 나는 근미래의 애인을 현실로 소환하는 마력을 담아 제법 무시무시하게 들리는 노래도 만들었다. 새난쓰리밴드 시절에 부르던 노래로, 음험한 나의 외모와 어울렸기에 사랑했다. 하지만 전남편이 무서워하고(?) 진짜 효력을 발휘하는 노래라 많이 부르지 않는 편이 좋을 것 같아 서랍 안에 꼭꼭 숨겨뒀다.

wicked

네가 원해왔던 여자들과 다를 거야
네가 익숙해진 사랑 얘긴 아닐 거야
너를 완전히 나를 온전히
하나의 힘으로 묶는 마력을 행하고 있어
너는 기필코 내 것이 되는
끔찍한 주문을 외우고 있는 거야
네가 사랑했던 여자들을 잊을 거야
네가 욕망하던 여자들을 지울 거야
너는 처참히 나를 강력히
원하는 갈망에 사로잡히고 말 거야
너는 고요한 나밖에 없는
유일한 왕국의 덫에 걸리고 말 거야

네가 알면 정말 인정할 수 없을 거야
너는 미신 따위 믿어본 적 없지만

너를 완전히 나를 온전히
하나의 힘으로 묶는 마력이 성공했어
너는 영원히 내 것이 되어
영문도 모른 채 내 곁을 맴돌고 있지

부부싸움을 하던 날, 그가 "네가 노래까지 만들면서 나한테 주술을 걸었다"라고 농담인지 진담인지 모를 한탄을 했다. 정말 내게 마력이 있는지도 모른다고 했다. 내 정체를 모르고 결혼했다니 정말 등골이 오싹하지 않은가! 어떤 식으로든 정염을 토해내지 않고 배기지 못하는 여자의 매력을 간과한 채, 때로 내리누르며 함께 걷는 길을 선택했다니.

우울감에 빠진 나를 비난하는 날에는 〈숨, 쉬어〉라는 곡까지 거론됐다. 그를 만나기 전부터 내가 소진된 상태였다는 것을 증명하기 위해 들먹인 이 곡은 사실 그를 떠올리며 만든 곡이다. 패배한 남자를 안타까워하는 위로의 곡이 비난의 재료가 될 줄 알았다면 차라리 그때 솔직히 털어놓는 게 좋지 않았을까 싶기도 하다. '숨, 쉬어. 천천히 숨, 쉬어. 〈숨, 쉬어〉는 당신에 대한 곡이야.'
비극적인 노래를 선물하기 싫었던 내 마지막 배려를 그가 모르고 있다는 게 차라리 다행인지도 모른다.

숨, 쉬어

막연한 침묵을 덮고서
긴 잠 자는 너의 모습이 나를 아프게 하네
검게 탄 심장을 묻고서
떠나는 너의 노래가 나를 슬프게 하네

아무도 너를 듣지를 않네
아무도 너를 믿지를 않네

갈망한 눈동자 잊고서
눈 감는 너의 얼굴이 나를 아프게 하네
마지막 티켓을 찢은 채
은둔한 너의 그림자 나를 슬프게 하네

축 처진 어깨 끌어 올리려
"숨 쉬어" 던져본 위로도 희미해지네
사라진 도시의 불빛을
밝혔던 기도들도 잊혀져가네

아무도 너를 듣지를 않네
아무도 너를 믿지를 않네

숨, 쉬어

아무도 너를 듣지를 않네
아무도 너를 믿지를 않네

창작자를 사랑하는 일은 생각보다 쉽지 않을 수도 있다. 어두움도 기쁨도, 일상의 사소한 재미들까지 끌어다 자신의 세계에 침몰시키고 새로운 것을 만들어내려 고독을 자처하는 일이 허다하니까. 그런 사람은 지켜보는 것만으로도 벅차다. 일어나지도 않은 일들, 가상의 애인, 근미래의 애인, 패색 짙은 사랑을 위해 혼자 그 감정에 몰두하고 휩쓸리는 나 역시 다루기 힘든 연인이었음에 틀림없다.

살갗 닿은 적 없는 머릿속 애인들마저 그런 나를 벅차할 것을 알기에, 쓸쓸한 사랑을 노래하고 강력한 주술을 거는지도 모르겠다.

완성되지 못한 욕망들이 노래로 엮이고, 나는 방 침대에 앉아 자주 흥얼거리고……. 그 풍경을 사랑할 사람은 흔하지 않다. 만약 그런 남자가 나타난다면 나는 사과부터 할지도 모른다. 그것도 노래로.

편한 사람이 쉬운 사랑이 아니라서 미안해.
주체할 수 없는 나의 마력과 고약한 성미, 끝도 없이 밀려드는
사랑과 비극의 파편들을 수집하는 여자라서 미안해.

뮤직박스를 만드는 여자. 서하가 자라 내 미발표 곡들이 쌓인 창고를 발견하고 깜짝 놀라면 어쩌나. 그 상상을 바탕으로 지금 또 한 곡을 쓸 수 있을 것 같다. 엄마의 애인들, 심장들, 눈물과 비탄의 방에 숨겨진 오르골 수십 개…….
일단 단어들을 모아야 한다. 눈을 감고 다 큰 서하의 손가락들을 천천히 더듬어본다.

아기가 되었다

콩트 같은 기억이다. 어디서 났는지 갑자기 고물 오토바이를 끌고 온 그가 수영장을 가자고 했다. 새벽이었다. 일탈이었다.

당연히 그의 등을 껴안고 오토바이를 탔다. 통굽구두를 신은 발을 놓을 자리가 없어 한강 수영장까지 다리를 허공에 들고 있었다. 허벅지가 덜덜 떨리고, 근육들이 비명 지르는 것이 느껴졌지만 '10대 로맨스'를 즐기는 30대에게 그 정도 고통은 참을 만했다.

후들거리는 다리를 땅에 내려놨을 때, 아무도 없을 거라 예상한 수영장에는 남고생 세 명이 있었다. 우리 둘 다 당황했지만 정해진 시나리오대로 행동하는 사람들처럼 엉성한 펜스를 넘어 수영장으로 들어갔다. 통굽을 신고 몸에 딱 달라붙는 청바지를 입은 내가 유연하고 아름답게 철제 펜스를 넘어갔을 리 없다. 눈 뜨고 못 봐줄 정도로 추하게 버둥거리며 겨우 넘어갔다.

수영장에서 놀고 있던 세 명도 긴장한 듯 어색해졌다. "야, 오늘 여긴 어른들이 옛날이야기를 재현하는 무대라고. 너희, 안 가냐?" 소리치고 싶었지만 참았다.

나의 사랑스럽고 즉흥적인 동행인은 이미 입수. 나도 들어오라 권했다. 미국 영화 속 소년, 소녀처럼 우리만의 새벽 파티를 벌이는 거야. 각본대로 행동하자. 나는 옷을 입은 채 물에 들어갔다.

너무 추웠다.
너무 / 너무 / 추웠다.

여름 새벽 수영장은 얼음물처럼 찼다. 게다가 나는 수영을 못 한다. 오들오들 떨면서 겨우 그의 어깨에 매달렸다. 옷이 온몸을 휘감아 행동은 더더욱 부자유스러워졌다. 물에 빠진 생쥐는 귀엽기나 하지, 옷 입은 채 물속에서 허우적거리는 여자는 전혀 깜찍하지 않다. 내가 물을 두려워하는 것을 알고 그가 선베드로 올라가 누웠다. 엉금엉금 기어가(옷은 이미 구속복이 됐다) 그의 곁에 앉았다. 각본대로! 각본대로! 우리는 키스를 했다. 너무나 추워서 그 키스가 얼마나 감각적인지 느낄 정신이 없었다. 우리가 나눈 육체의 교감이 키스였는지 인공호흡이었는지, 앞으로 우리 둘은 어떤 관계가 될지 혼란스러운 와중에 그 역시 바들바들 떨기 시작했다. 내가 먼저 솔직하게 말했다.

추워, 엄청 추워. (그리고 당신 입술 파래.)

다시 그 철제 펜스를 넘어 오토바이를 탔다. 갈 때보다 더 친밀해진 기분이었다. 그도 그럴 것이 추워서 꼭 붙어 있고 싶었다. '네 체온을 전부 내게 줘!' 총 들고 강탈하고 싶었다.

어색하게 재현한 '청춘의 밤'이 끝을 맺을 무렵, 그가 기다려줄 수 있겠냐고 물었고 나는 "운명이라면 운명대로 되겠지"라고 대답했다. 그도 고개를 끄덕이며 받아들였다.

서하가 잠든 사이, 추웠던 그날의 기억을 이야기하는데 나와 전남편의 버전이 너무 달라 배를 잡고 웃었다.
운명의 뜻을 따라 만나고자 했던 연인의 이야기는 아기가 돼 있었다. 그날 신은 구두는 철제 펜스에 망가져서 다시는 신지 못하게 됐다. 추워도 너무 추웠던 여름 새벽의 기억. 호로록 빠져나온, 뒤늦은 청춘의 풀(pool).
우리는 운명이었을까. 그날은 청춘이었을까. 춥고 웃겼던 날 진지하게 나눈 대화들은 10대 영화 패러디물의 절정 같았다.

아기가 되었다

녹슨 철제 펜스를 넘어
찬물에 발을 담근 넌 내게 키스를 하고
흔한 청춘의 밤이 그리 갔던가
진짜 옛날이야기가 아기가 되었다

훔친 오토바이를 타고 네 등에
얼굴을 묻은 난 너를 포옹을 하고
흔한 청춘의 밤이 그리 갔던가
진짜 옛날이야기가 아기가 되었다

나에게만 하는 이야기일까

착각에 빠졌을 때 넌 내게 노래를 하고

흔한 청춘의 밤이 그리 갔던가

진짜 옛날이야기가 아기가 되었다

클랩함 정션으로 가는 길

나는 자신의 과거와 미래에 대해 확신 가득한 듯이 말하는 사람에게 별로 호감을 느끼지 못한다. 자신의 출신과 배경에 자부심을 가지고 발언하는 사람들에게는 더더욱 매력을 느끼지 못한다. 모호한 맛이 없어 흥미가 생기지 않는다. 알아서 잘 설명해주니까 상상의 여지가 없다.

갓 10대를 벗어난 나는 지금보다 더 뻐딱했다. 그리고 우중충한 런던은 그런 나의 기질에 습한 부채질을 하는, 외롭지만 자유로운 타국이었다.

'한국 사람이라면 저렇게 혼자 앉아서 식사할 리 없어. 반드시 무리를 찾아서 소속되려고 할 거야.'

나는 그녀가 일본인일 거라고 생각했다. 삭발에 이어폰을 꽂고서 아침식사를 하는 작은 여자(소녀에 가까워 보였지만)가 한국인일 리 없다 믿었다. 그녀가 내 기숙사 방에 놀러 와 깨끗하고 단정한 발을 꼼지락대며 '한국말'을 하고 내 마음에 쏙 드는 대답을 하기 전까지, 그녀는 호기심을 불러일으키는 이방인에 불과했다.

"한국에서 뭐 했어요?"
"개망나니였어요."

그녀의 대답에 크게 웃은 건 나밖에 없었다. 20년 묵은 체중이 내려가는 기분. 포티쉐드, 도어스, 김추자, 피제이 하비를 듣던 내 방. 내 CD들을 뒤적거리던 그녀의 눈빛을 아직도 잊을 수가 없다.
다음 날, 그녀의 방에 놀러 갔다. 휑한데 지저분했다.
'물건이 없는데도 지저분할 수 있구나. 근데 지저분한 게 이렇게 매력적일 수도 있구나.'
듣는 순간 계속 헛기침이 나오는 톰 웨이츠의 음성이 방을 가득 채웠다.
"피아노가 술에 취했대."
"응?"
"자기가 술 취한 게 아니고 피아노가 취했대."
"아."

톰 웨이츠에 열광(이란 표현은 그녀와 어울리지 않지만)하던 그녀와 나는 금세 친해졌다. 내가 불도저처럼 밀어붙였다. 잘 아는 사이도 아니면서 말을 놓고, 함부로 별명을 붙여주고, 그녀의 생활에 간섭했다.
검정색 레자 재킷과 스와치시계. 청바지에 낡은 티셔츠. 비누 하나와 로션 하나. 늘 똑같은 옷 아니면 비슷한 옷. 그녀의 몸부림과 가출하려던 정신이 묶인 포트폴리오. 그녀는 가진 게 별로 없었다.
"언니 꿀벌 같다."
"언니 옷 사라."
"언니 밥 더 먹어라."
그녀는 내게 싸가지 없다며 웃었다.
"근데 괜찮아."

'부승숭' 자라난 머리털을 만지던 그녀와 보낸 매일. 그녀처럼 빛나고 환상적인 피조물을 체험한 적이 없었다. 그녀와 함께하는 시간은 뭔가 불안하고 진실했다. 예술가의 성장을 목도하는 기분이었을까. 어쩌면 한 인간으로서의 그녀, 타고난 예술가를 동경하고 사랑했는지도 모른다.

"내가 남자였으면 언니랑 연애했을 거야."
"진짜?"
"응, 그런데 결혼은 안 할 거야."
"왜?"
"나는 한국 남자니까. 하하하하!"

그녀가 기숙사를 떠나던 날. 그녀는 클랩함 정션으로 간다고 했다. 어느 영국인 교사의 집으로 홈스테이 하러.
HOMESTAY. '홈'이나 '스테이'란 단어는 그녀와 어울리지 않았다. 그녀가 떠난다는 것도, 홈스테이 한다는 것도, 클랩함 정션으로 간다는 것도 전부.

314번이었던가? 두려운 마음으로 버스를 타고 그녀가 산다는 클랩함 정션으로 간 날. 시끄러운 아파트로 들어가 그녀의 방을 구경한 날.
그 방에는 주인 딸이 갖고 놀던 봉제인형들이 가득했다. 플라스틱 눈알 단 그들의 눈빛들을 느끼며 잔소리부터 했던 것 같다. 고시원만 한 방에 누워 수많은 눈빛들을 감당해야 하는 그녀의 상황이 마음에 들지 않았다.
투덜거리는 나를 데리고 부엌으로 간 그녀는 마늘이 듬뿍 들어간 찌개를 끓여줬다. 그렇게 나는 그녀에게 마늘을 배웠다. 마늘의 맛, 향. 마늘은 지금도 그녀의 것이다.

허름하고 복잡한 동네. 아스다란 이름의 대형 슈퍼마켓. 인파에 휩쓸리는 몸을 가누면서 어서 다른 곳으로 이사하라고, '이성적으로' 말이 안 된다고 그녀를 설득했다. 나를 버스정류장까지 데려다주던 그녀가 퍼브에서 둘러앉아 맥주 마시는 사람들을 턱 끝으로 가리키며 말했다.
"여기 괜찮은 동네야. 젊은 사람들이 많이 모여든대."
자기가 클랩함 정션의 대변인이라도 되는 듯이.

그날 이후, 클랩함 정션을 참 많이도 갔다. 인형들이 무서워 그녀의 방에는 가지 않았지만, 값싼 물건을 파는 데가 많다는 것을 알고 수시로 찾아갔다. 파키스탄 사람이 운영하는 원파운드숍에서 런던스러운 자석을 사고, 아스다에 가서 플라스틱 그릇을 사면서, 봉제인형들과 그녀는 어떻게 지내고 있을까 늘 궁금했다. 그리웠다. 같은 기숙사에 살 때는 같이 공원에 가 그림 그리는 척하며 영어 배우러 온 일본 소년들이 축구 하는 것을 멍하니 바라봤는데, 재미있었는데······.
나는 외로움을 이기지 못하고 친척 언니가 사는 먼 동쪽으로 이사했다. 작은 여우가 돌아다니고 문을 열면 나도 모르게 거대 달팽이를 살생하고 마는, 교외의 습지 같은 곳이었다.

플라스토. 플라스토오오오오—.

발음하면서 말꼬리를 천천히 길게 빼게 되는, 혹시 우리 전부 거대 달팽이 위에 살고 있는 게 아닐까 공상하게 만들던.

여름 런던은 기가 막히게 아름다워 우리를 더욱 외롭게 만들었다. 우중충한 섬이 한 계절 내숭을 떤다고 생각했다.

마음이 무얼까, 아무도 모른다. 하지만 묻고 또 물으면
뭔가를 알게 될 것 같던 시절.

하늘은 왜 그리 높고 푸르렀는지. 오래된 건물들의 고색창연함과 젊은이들의 동물적인 난폭함, 개성, 활기가 어떻게 사이좋게 지낼 수 있는지.

심장이 두근거리다가도 문득 씁쓸했다.
언젠가 산 기념품 자석처럼 초라하게 냉장고에 매달려 있거나
기억 속으로 사라지고 말 것이기에.

한국으로 돌아온 지 10년, 그녀와 친하게 지낸 지 10년이었던 2014년 겨울, 내 노래를 들려주자 그녀는 "이렇게 예민해서 세상을 어떻게 살아?" 하고, 그녀의 방식대로 칭찬해줬다.
시간이 흐른 만큼 우리는 변했고, 지금의 그녀는 더 이상 꿀벌 같지 않다. 내가 멋대로 예술가라 규정짓고, 내 작은 유리병에 가두고 관찰하려던 꿀벌.
작년 겨울에 대판 싸운 뒤 우리는 아직도 화해하지 않았다. 나는 낮은 음성으로 그녀를 비웃었고, 그녀는 울며 소리 질렀다. '다시 만나야 하는데……' 고민하면서 연락 못 하는 이유는 그녀를 박제하고 싶어 하는 내 마음을 알기 때문이다.

나를 위해서 다시 그 소녀로 돌아갈 수 없어?
마음이 무얼까, 투명한 질문을 주고받던 우리로 돌아갈 수 없어?
다시 그 시절로, 그 눈빛으로.

날카롭고 쓸쓸한 소녀들의 미친 짓이 너무나 그리워, 그녀에게 늘 한결같기를 바라고 있었다. 다른 사람은 몰라도, 당신만은. 우리가 다 큰 여자들이란 사실을 인정 못 해 그녀의 성장을 못 본 척, 눈 돌리면서.

언제쯤 사과하는 것이 좋을까? 어떤 모습을 했든, 레이크 언니를 되찾고 싶다. 지금 있는 그대로를 사랑하고 있다고 전하고 싶다. "보고 싶어" 전화하고 만나면 안아주고.

<클랩함 정션으로 가는 길>은 내가 썼지만 내가 쓴 곡이 아니다. 레이크 언니를 만나지 못했다면 세상에 나오지 않았을 노래다.
사실 장소에 관한 노래도, 마음에 대한 노래도 아니다. 나를 뒤흔들어놓은 여성, 그녀에 관한 노래다. 고독하고 불안한 날들을 뚫고 멋지게 자란 여자에 대한 노래다. 그녀가 얼마나 아름다웠는지, 우리가 얼마나 정처 없었는지, 그녀만을 위해 노래하고 싶었다.
마음이 무얼까, 아무도 모른다. 하지만 묻고 또 물으면 뭔가를 알게 될 것 같던 시절. 나의 그 시절과 우리의 음악을 듣던 톰 웨이츠의 방, 내 노래마저 몽땅 끌어다 그녀에게 주고 싶다.

클랩함 정션으로 가는 길

클랩함 정션으로 가는 길
봉제인형 가득한 너의 방
아스다로 향하는 사람들
마늘 향 넘치던 너의 부엌

넌 내게 묻곤 했지, 마음이 무얼까
마음이 무얼까

노래와 미발표 욕망들

난 네게 대답했지, 마음이 무얼까
모르겠어, 모르겠어
마음이 무얼까 마음이 무얼까 모르겠어

배터시 파크로 가는 길
싸구려 와인과 스케치북
축구를 하는 일본 소년들과
풀물이 잔뜩 든 너의 바지

넌 내게 묻곤 했지, 마음이 무얼까
마음이 무얼까
난 네게 대답했지, 마음이 무얼까
모르겠어, 모르겠어
마음이 무얼까 마음이 무얼까
모르겠어, 모르겠어

김쏘쿨

"술이 술이라 술~술 넘어가는구나!"
이렇게 말하는 친구가 있다.
술을 참 맛있게 잘 마신다.
"아니 손에 똥을 들고 똥 냄새가 어디서 나지 그러면 어쩌란 거야?"
엉망인 연애를 똥에 비유하며 일침을 놓는 과감함, 유머도 갖춘 여성이다.

그녀의 이름은 김소연. 본인도 인정하는 흔한 이름이다. 그러나 우리, 그녀의 친구들은 그녀를 '김쏘쿨'이라 부른다. 자존심이 세서 웬만한 일에는 흔들리지 않고 쿨한 태도를 유지하는 모습이, 소주를 탁탁 털어 넣는 모습이 하도 야무져서 붙인 이름이다.

종일 직장에서 시달리다 집으로 돌아가서 가족에게 짜증 내고, 저녁 내리 침대에 수건을 깔아둔 채 숨죽여 울었다는 친구. 여린 마음 추슬러 다시 일터로 나가는 그녀는 정말 씩씩한 친구다.
가사를 보여주며 실명을 공개해도 되겠냐는 부탁에 그녀는 흔쾌히 허락했다.
"그래, 세상에 김소연이 나 하나인가?"
그렇게 말하며 웃었다.

노래와 미발표 욕망들

김쏘쿨 짤을 만들어 새벽에 문자로 보내자
오전 6시 19분에 답이 왔다.
"출근길에 빵 터졌네 ㅋㅋㅋㅋ"

김쏘쿨 짤을 만들어 새벽에 문자로 보내자 오전 6시 19분에 답이 왔다.

출근길에 빵 터졌네 ㅋㅋㅋㅋ

일요일 아침이었다.

한국에 얼마나 많은 김소연들이 살고 있을까? 정새난슬은 모른다. 그러나 그녀들이 모두 행복하고 많이 웃고 소주 탁! 탁! 털어 넣으며 유쾌하게 지내길 바란다. 많이 웃어야 우리 꺾이지 않으니까.

김쏘쿨

그녀는 김쏘쿨이라고 불렸네
술잔은 꺾여도 그녀는 꺾이지 않네
그녀는 김쏘울이라고 불렸네
술에 젖은 영혼 밤새 달렸네
봉인 풀린 금요일 노동은 굿바이
눈앞의 사랑도 그녀를 멈출 수 없네
부끄럽지 않아 그녀는 당당한 쏘울
김소연이라 부르지 마
그녀는 김쏘쿨 쏘울

그녀들이 모두 행복하고 많이 웃고
소주 탁! 탁! 털어 넣으며 유쾌하게 지내길 바란다.
많이 웃어야 우리 꺾이지 않으니까.

셋

그의 말에 따르면 나의 산후우울증은 내가 정신적으로 나약하기 때문에 악화된 것이다. 응석만 부리는 삶을 살았기에 당당하게 맞설 수 없었다는 것이다.
출산으로 달라진 삶. 누구의 것인지 알아보지 못한 채 더듬거리던 나라는 여자의 인생. 급작스럽게 내 몫으로 할당된 육아, 가사, 돌봄 노동이 불공평하고 혼란스럽게 느껴지더라도 그 삶을 온전히 받아들여야 했다. 그래야 '건강한 정신'의 소유자가 된다. '모성애가 부재 중인 여성'으로 낙인찍히지 않고 그의 '도움'을 받아 가정을 '지킬 수' 있었을 것이다. 마치 그의 어머니와 그 어머니의 어머니와 어머니의 어머니의 어머니, 과거의 모든 어머니들이 자신들의 삶을 체념하고 받아들인 것처럼.

피할 수 없으면 즐겨라…….
군대도 아닌 가정에서 왜 그런 말로 삶을 지탱해야 할까. 내 의문은 그것이었다.

모성애를 신화로 만들고 '희생'이 어머니의 조건이 되는, 그런 상식으로 이익을 얻는 것은 누구일까. 언제나 덜 손해 보는 쪽은 덜 사랑하는 쪽.
엄마들이 새로 인연을 맺은 자신의 아이를 알기 위해, 사랑하기 위해 매일 투쟁할 때 그 곁에서 한발 물러선 남자들. "역시 여자는 약하지만 엄마는 강해"라며 사랑과 돌봄은 자신의 영역이 아니라는 듯 "역시 난슬이가 애 엄마가 되더니……" 같은 말로 나를 완성형 여성으로 만들거나 과거형으로 남겨두는 사람들. 자신이 가부장적 인물이라 의심한 적도 없고, 수혜를 받은 적도 없다고 착각하는 남자들. '천사 미소' 한 번이면 모든 괴로움이 잊힌다는 엄마들의 애처로운 위안.

지친 것과 졸린 것이 헷갈리는 엄마의 일상, 여자의 삶은 손가락 사이로 빠져나간다. 아이를 사랑하는 일은 아주 자연스러울 거라 생각했다. 전등 스위치 켜듯 금세 불이 들어올 거라 믿었다. 새로운 사람을 알아가기 위해 쏟는 에너지는 당연히 24시간 무상 공급되는 발전소에서 나오는 줄 알았다.

아무도 모성애가 어떤 것인지 진실을 가르쳐주지 않았다.
모든 어머니들이 왜 강해질 수밖에 없었는지 알려주지 않았다.
낙오하거나 미쳐버린 여자들의 목소리는 아무도 모르게 사라졌다.

어머니 되기 단기 속성반. 사랑, 노동, 인내, 고통을 다루는 법.
내가 스파르타 학원에서 시간을 보낼 때 왜 그는 나약함에 대해 이야기했을까. 모국어가 왜 모국어인지, 그는 어머니의 말을 하면서도 알지 못한다. 어머니들이 속삭여준 단어들. 그는 절대 모국어의 진실을 알 수 없을 것이다. 여성의 기록이 삭제된 언어로 군가를 부르며 내게 욕망들을 내려놓으라 꾸짖었으니까.
어느새 자신이 어머니의 영혼이 잊힌 국가의 최고 멋진 조력자가 되고 말았음을 그는 알고 있을까.

나는 그의 군가를 부르지 않는다. 죄책감과 애정의 저울 앞에서 자장가를 부른다. 내 딸, 나의 첫사랑. 그녀에게 어머니들의 역사를, 진실을 보여주고 싶다. 나의 삶과 노래는 그녀의 모국어가 될 것이다.

쉿

지친 것과 졸린 것이 헷갈려요
나의 베이비 나의 사랑
나의 천사 오늘도 난 너와 함께

울지 말아요 웃어요 우리 아가
울지 말아요 웃어요 우리 아가

엄마 엄마 불러봐요
세상을 처음 본 사람
아빠 아빠 불러봐요
모든 게 신기한 사람

배고픈가요 줄게요 맘마 맘마
배고픈가요 줄게요 맘마 맘마

지친 것과 졸린 것이 헷갈려요

노래와 미발표 욕망들

나의 베이비 나의 사랑
나의 천사 오늘도 난 너와 함께

놀아줄까요 짝짜꿍 도리도리
놀아줄까요 짝짜꿍 도리도리

엄지 검지로

사랑의 밭을 매고 수확물을 거둬들인다. 결코 끝나지 않는 달콤 쌉싸름한 마음의 노역. <엄지 검지로>는 나의 노동요. 작업실 문 앞에 앉아 흥얼거리다, 오가는 멜로디 나 혼자 주고받으며 만든 노래. 사랑의 계절, 작은 마음의 콩알들을 고르고 뿌리를 다듬으며.

그에게는 너무 쉬운 일이었다. 내 마음을 접었다 펴고, 까맣다 하얗게 만드는 일. 감정의 끝에서 끝까지 몇 번씩 전력질주하다 보면 숨이 차고 토할 것 같았다. 그다운 말을 찾느라 침묵하는 사이, 나는 제일 큰 가면을 쓰고 퍼레이드에 합류한 것만 같았다.
군중. 술기운에 어지러운 공기. 맞닿은 살갗.
나다운 말들은 늘 준비돼 있었고, 준비가 돼 있었기에 내가 입을 열기도 전에 조바심치며 뛰쳐나갔다. 나는 항상 그를 떠나고 싶었지만, 마음은 떠나기도 전에 돌아오곤 했다. 같은 자리에 서서 싸다 만 짐가방을 바라보다 자만심 가득한 그의 눈동자를 쳐다봤다. 반드시 떠날 것이다. 단지 오늘이 아닐 뿐이다.
사랑했던 사람, 사랑의 권력은 얼마나 달콤했나요. 충분히 즐거웠나요. 주렸던 배가 더는 고프지 않겠지요. 불공정무역, 나의 환상 속 노동요는 이제 과거의 노래가 됐다.

노래와 미발표 욕망들

엄지 검지로

엄지 검지로 접었다 폈다
나의 맘을 갖고 노네

엄지 검지로 접었다 폈다
기뻤다가 슬펐다가

엄지 검지로 접었다 폈다
나의 맘을 갖고 노네

엄지 검지로 접었다 폈다
까맣다가 하얗다가

사랑해요, 사랑해요, 사랑해요

파인애플

착한 애인에게 화를 낸 날, 많이 아팠다. 화를 내고 싶었던 것이 아니었으니까.
상처 입은 그의 얼굴을 바라보다가 나도 모르게 더 싸늘하고 모진 말을 내뱉고 말았다. 마음속의 나는 작게 몸을 웅크리고 있었지만, 그 모습을 상대에게 들키기 싫어 더 앙칼지게 굴었다. 그렇게 뒤틀린 감정을 쏟아 놓고 나면 그저 한없이 미안하고 슬펐다.

도저히 나를 이해할 수 없다는 애인에게 보내는 해명의 글이자 '솔직히'가 수십 번 들어간 나를 위한 글. 한 문장이면 해결되는 상황인데도 그에게 화낸 나를 정당화하기 위해 더 집요하게 내 감정에 매달렸다.
여자 주인공, 나의 감정 묘사가 전부인 단편소설, 구구절절한 장문의 편지를 완성한 후 꼼꼼히 읽어봤다. '같은 말을 여러 번 하긴 하지만 잘 쓴 편지야. 내일 꼭 메일로 보내야지' 다짐하며 잠이 들었다.
푹 자고 일어나, 새벽에 쓴 글을 맑은 정신에 다시 읽고 난 뒤에는 생각했다.
'절대로 보내지 말자. 영원히 묻어두자.'

〈파인애플〉은 어린 시절 사귄 애인에 대한 노래다. 차마 부치지 못한 사과 편지다. 그로 인해 내 마음도 해방시키지 못하고 그의 오해도 풀지 못했다. 참 선한 사람이었다. 왜 그렇게 화내고 상처 줬을까.

그때 느낀 복잡한 감정들은 미안함만 빼고 한참 옛날에 잊히고 말았다. 파인애플을 안주 삼아 마신 술과 대화 몇 토막이 그날 기억의 전부다.

사실 그렇게 긴 편지를 쓸 필요가 없었다. 그의 슬픔이나 원망을 받아내기 싫어서 비겁하게 굴었다. 내가 그에게 줘야 했던 것은 "이제 당신을 사랑하지 않아요" 단 한 문장이었다.

파인애플

마음을 해방시키려 긴 편지를 써요
홍조 띤 당신 얼굴에 던질 말들을 적었죠

고양이 우는 소리에 놀라 잠을 깼죠
마음은 네 것이 아니라고 내게 충고하죠
파인애플 통조림을 술과 함께 나눠 먹은 그날

열정은 자꾸 차게 식어가는데
손길은 점점 따뜻해지는 그대를 알았죠

마음을 해방시키려 긴 편지를 써요
사실은 영원히 묻어둘 말들을 적어요
파인애플 통조림을 술과 함께 나눠 먹은 그날

빛

모든 것에는 균열이 있다.
(There is a crack in everything.)
빛은 그 틈으로 들어온다.
(That's how the light gets in.)

_레너드 코헨(Leonard Cohen)

숨 막히고 답답한 마음, 새카만 밤이 찾아와 영원히 머무를 것처럼 느껴져 막막할 때 반드시 기억할 것.
'방 안에 빛이 들어오면 어둠은 물러난다.'
모든 것에는 균열이 있고, 빛은 아무리 작은 틈이라도 그 사이를 비집고 들어오게 돼 있다. 언젠가 나의 치명적인 결함들이 내가 제일 자랑스러워할 특질이 될지도 모르는 일이다.

내 안의 크고 작은 균열들, 그것들이 존재하지 않는다면 나를 찾아오던 빛도 길을 잃을 것이다.

노래와 미발표 욕망들

빛

네 숨 막히는
답답한 방
막막한 밤
방 안에 빛이 들어오면
어둠은 물러나네
방 안에 빛이 들어오면
어둠은 물러나네

오직 당신

사랑에 빠진 연인. 현악사중주가 울려 퍼지고 꽃잎이 흩날린다. 벌과 나비가 춤을 추며 모여들면 세상에 우리보다 더 사랑하는 커플이 있을까, 서로의 눈동자에 빠져든다. 애타는 몸과 부푼 마음 내어주는 인생 최고의 순간.

연인의 계절 봄, 절정의 여름은 꿈같이 흘러간다. 새 사랑의 행복에 빠졌을 때는 둘 사이에 아무런 비극도 일어나지 않을 것처럼 느껴진다. 아름다운 계절들, 서로를 배워갈 때의 환희. 자존감이 급상승하고 얼굴에는 낙천적인 미소가 걸려 있다.

차츰 상대가 익숙해질 때 풍요로운 가을이 찾아온다. 둘만의 비밀스러운 언어가 완성되고, 단점도 귀여워 보이는 풍성한 사랑 수확의 계절이다. 겨울이 찾아오기 전까지는 말이다.

사랑의 온도가 내려가기 시작하는 겨울, 상황은 조금씩 변하기 시작한다. '우리 사랑 영원히'란 팻말이 날아가고, 만개했던 꽃들이 얼어붙는 겨울을 어떻게 나느냐에 따라 연인의 운명이 결정된다.

어떤 연인은 홀딱 벗고, 있는 그대로의 모습으로 함께 사랑의 온도를 높인다. 자존심, 적개심 같은 무기는 내려놓는다.

하지만 많은 연인들이 각자 따뜻한 곳을 찾아가겠다며 이별한다. 너 때문에 더 춥다며 흩어지고 만다. 겨울은 길고 어둡고 나는 춥고 배고프고 돌아버리겠으니 '너라도 잡아먹어야겠다'.
두렵겠지만, 겨울은 연인이 반드시 겪어야 할 계절이다. 애인이든 배우자든, 그 사람이 나와 어울리는지 판단하기 좋은 계절이기 때문이다. 상황이 최악일 때 서로 어떻게 대처하는가, 그것이 제일 중요하다. 사랑에 주려 애인 마음 왕창 뜯어먹고서 "정말 미안했어. 찢긴 마음은 어때?" 물어봤자 상대는 이미 마음을 절고 있다.
어려운 시기, 마음 다스리기 힘들 때 서로에게 최소한의 상처를 남기고, 적극적으로 그것을 치유할 관대함이 있는 연인들만이 다시 봄을 볼 수 있다. 예전 같은 화려함으로 현혹시키는 봄이 아닌, 더 평화롭고 다정한 풍경의 봄이 찾아온다.

〈오직 당신〉은 연애하고 싶어 미치겠는 날 만든 곡이다.
"오직 당신뿐이에요." 눈을 빛내며 달콤한 한숨을 내뱉고 싶은 날이었다.
심장은 연인의 여름만을 노래하고 싶었지만 머리는 '너 겨울을 잊은 거야?' 지적했고, 나는 끝내 헤어지는 연인의 모습을 넣을 수밖에 없었다.
그리고 사랑은 비극 속에서 더 빛나는지도 모른다. 기쁨과 아픔의 대비는 사랑의 농도를 짙게 만들어 미련을, 추억을 남긴다.
지금은 이런 감정을 다룰 수밖에 없지만, 앞으로 누군가를 사랑하게 된다면 연인의 여름만을 노래할 것이다. 아주 길고 뜨거운 여름을 노래할 것이다.

오직 당신

예쁜 모자 골라줄래 어색하게 부탁할 때
거친 손 흔들면서 수줍은 듯 웃어줄 때

알았지 너를 사랑하리라
알았지 너를 사랑하리라

부드러운 음성으로 내게 책을 읽어줄 때
지하철 기다리며 너의 뺨을 만졌을 때
알았지 너를 사랑하리라
알았지 너를 사랑하리라

오직 당신 오직 당신 오직 당신뿐
너의 꿈도 너의 죄도 모두 사랑하리라

길을 걷다 손을 놓고 말도 없이 멀어질 때
싸늘히 고개 돌려 커피잔만 바라볼 때
알았지 나를 떠나가리라
알았지 나를 떠나가리라

우리 자꾸 왜 이럴까 미련하게 속삭일 때
조금 더 노력하자 건조하게 끄덕일 때
알았지 너를 떠나가리라
알았지 너를 떠나가리라

오직 당신 오직 당신 당신뿐인데
너의 단어 너의 눈빛 모두 상처가 되네

노래와 미발표 욕망들

오직 오직 오직
오직 오직 오직
오직 　　 오직
　당신
오직 오직 오직
오직 오직 오직

다 큰 여자

'성장 음악'이란 장르가 있을까.

가사를 적고도 오래 고민했다. 너무 상황이 구체적이다. 그러나 알고 보면 불친절한 노래다. 나만이 알 수 있는 암시, 은유로 가득하다. 잊고 싶지 않은 날의 기록이다.

내가 내게 선물하고 싶어서 만든 곡이다. 고초를 겪은 뮤지컬 주인공이 과장된 몸짓으로 무대를 누비며 노래하듯이, 다 큰 여자를 통해 짧은 서사의 기승전결을 다시 살고 싶었다. 다 큰 여자의 등장, 그녀의 춤사위로 끝나는 뮤지컬을 보고 싶었다.

다 큰 여자

하루 이틀 사흘 나흘 석 달인가 지났을 때
뭐가 뭔지 알 수 없어 정적으로 도망갔지
울다 말고 주저앉아 작별인사 떠올릴 때
재밌구나 누가 웃네 안녕하고 인사하네

다 큰 여자라고 하네 고개 들어 나를 보네
입술 열어 글씨 쓰네 식탁 위에 초를 켜네

붉은 빛이 번져와서 나의 심장 조여왔네
무자비한 단어 속에 너무 아파 쓰러졌네
어지럽게 흔들리고 눈부시게 폭발했네
날카로운 문장들로 산산조각 흩어졌네

다 큰 여자 내게 왔네 이름 없는 짐승 같아
눈을 감고 속삭이네 이제 진짜 시작이야

거울을 부술 준비가 돼 있니
눈물의 그림자 밀치고 때려서
너만의 그림을 거칠게 그려봐
소리를 지를 분노가 생겼니
드센 저 바람에 온몸을 맡기고
입 벌린 상처로 노래를 불러봐

다 큰 여자 내게 왔네 난폭하고 부드럽게
격렬하고 조용하게 일어나서 춤을 추네

노래와 미발표 욕망들

퍼키팻의 나날

《파머 엘드리치의 세 개의 성흔》.
필립 K. 딕의 소설이다.
소설 속 화성 거주자들은 지구를 그리워해, 이상적인 지구의 삶을 재현한 퍼키팻 모형과 인형에 집착한다. 환각제를 복용하며, 기묘할 정도로 완벽해 보이는 인형의 집을 매개로 유사 인생을 즐긴다. 그들이 경멸해 마지않는 황량한 화성 토굴에는 빈 육체들만 남겨진다. 특이한 외출, 롤플레잉은 그들의 유일한 즐거움이다.
환각과 현실의 구분이 사라져 어느 쪽이 진짜 인생인지 알 수 없게 됐을 때, 반복되는 게임에 염증을 느끼면서도 그들은 인형놀이를 멈추지 않는다. 무엇이 진실인지 알아도, 진짜 삶과 마주함으로서 겪을 고통은 견딜 수 없는 것이기에 그들은 거짓을 선택한다. 영화 〈매트릭스〉의 미스터 리건이 '육즙 가득한 스테이크가 있는 세계'를 선택하듯이.

결혼과 출산. '허락된 삶'의 영역에 놓여 살 때 느낀 권태는, 내가 간절히 욕망하던 것들이 멀어져간다는 위기감을 안겨줬다. 그러면서도 그 삶에 집착하지 않으면 아무것도 남아 있지 않을 것 같아 불안했다.

아이와 남편이 있는 생활, 가정을 꾸리는 일, 자연스러운 인생의 수순을 밟자.

노래와 미발표 욕망들

이렇게 스스로를 타이르는데, 왠지 타인의 생을 살고 있는 것 같은 이질감이 찾아왔다. 퍼키펫의 나날을 보내고 있는 듯이 느껴졌다.

마음 깊은 곳의 나는 소설 속 주인공들과 다르게 진실을, 황량한 화성의 중력을 원하고 있었다. 이상적이라고 배워온 삶의 테두리에서 벗어난 내가 어떤 방식으로 살아갈지 모르는 채로. 내 날 선 욕망들의 본질과 그것들의 계획을 확신할 수 없음에도.

모든 것이 끝난 지금, 나는 진실한 삶을 살고 있을까. 내가 진실이라고 생각하는 삶과 욕망에 다가가는 중일까. 내가 꿈꾸는 삶 역시 또 다른 버전의 퍼키펫 라이프가 아닐까. 참과 거짓이 어지러이 뒤섞인 세계, 나와 타자의 욕망을 구분하고 거리를 두는 것이 과연 가능할까.

어렵다. 그러나 불확실성에 대한 두려움을 극복하고 짐 모리슨의 시 낭송을 들으며 긴 잠에서 깨어나고 싶다. 답 없는 공상과 개똥철학을 뒤로하고 단호하게 '나는 진실을 원해'.

퍼키팻의 나날

누가 진실을 원해 내게 거짓말을 해줘
진심이 감동하는 근사한 가짜
뜨거운 열망과 눈부신 속임수
끝없는 풍요를 약속할 화사한 너의 말
내 눈을 가려줄 너의 새빨간 거짓말

나는 진실을 원해 나를 독하게 죽일 말
배 속을 휘젓는 잔인한 진짜
초라한 미소 띤 창백한 솔직함
가여운 정체를 밝히는 연인의 진술서
딱딱한 심장을 관통할 뾰족한 너의 말

나는 거짓을 나는 진실을
나는 거짓을 나는 진실을

노래와 미발표 욕망들

오르막길

30대 초반, 한 남자를 만났다.

이호진. 나와 동갑인 그는 개라지밴드와 로직, 레코딩을 가르치는 선생님이면서 자신의 음악을 하는 좋은 프로듀서이자 뮤지션이다. 그리고 내 인생에 좋은 변화를 가져다준 고마운 사람이다.

처음에는 그를 밋밋하고 지루한 벽지 같은 사람이라 생각했다. 화려하고 불량한 인물에게만 흥미를 느꼈던 탓에, 어딘가 모범생 같은 그가 내 인생에 중요한 영향을 끼치리라고는 생각하지 못했다. 오직 '미친놈'들만이 나를 움직일 수 있다고 믿었다.

작은 얼굴의 반을 가리는 왕안경을 쓴 그도 개라지밴드를 가르치는 수업에서 나를 처음 봤을 때 '바스켓볼 저지 한 장만 걸치고 방정맞게 돌아다니는 저 여자는 대체 뭔가' 하고 의아하게 여겼다고 한다.

우리의 인연은 그렇게 시작됐다. 아무런 스파크도 없이, 서로를 약간 오해한 채.

매주 수업이 진행되고, 뒤풀이가 거듭되면서 그를 좀 더 알게 됐다. 만나면 만날수록 처음 생각보다 흥미로운 사람임을 알 수 있었다. 그러니까 호진 씨도 약간 '미친놈'이었다. 물론 자기만의 방식으로, 좋은 의미로. 예민한 예술가의 내면을 가졌으나 책임감이 강하고 의연했다.

지금은 부인이 된, 당시 그의 애인과도 꽤 친해졌다. 두 사람은 날 때부터 한 쌍이 아니었나 싶을 정도로 잘 어울렸다. 지금도 그들을 볼 때마다 '세상에 이런 커플도 있구나' 하고 놀라곤 한다. 어른스럽고 얌전해 보이는 두 사람 앞에 앉아 있자면 내가 그들의 딸이나 조카라도 된 기분이어서 평소보다 '오버해서' 떠들게 된다.
바로 그 사람이, 여러 번 말해줬다.

"난슬 씨도 할 수 있어요."

오래 기다려왔던 말, 너무 필요했던 말, 나를 사랑하는 남자에게서 나오리라 믿었던 그 말이 다른 여자를 사랑하는 남자에게서 나왔다.

"기타 연습을 안 하니까 더 이상 가르칠 수 없어요."
기타를 가르쳐달라던 나를 매우 타당한 이유로 잘랐으면서도, 그는 '새난쓰리(SENAN THREE)'란 이름의 밴드를 꾸려줬다. 나를 무대로 이끌었다. 심지어 자신의 애인을 우리 밴드 세컨드 기타리스트로 데려오기까지 했다.
드럼과 퍼스트 기타를 제외하고 우리 밴드 멤버들은 모두 아마추어였다. 내 노래들을 함께 편곡하고 연습하는 동안, 나는 방과후학교에 남아 CA 활동을 하는 기분이었다. 어설펐지만 즐거웠다. 내 노래들을 함께 만들어간다는 것만으로도 기뻤다. 나를 제외한 모두가 음악을 하는 사람들이었다면 그렇게까지 즐거웠을까 싶다.

"악! 내가 공연을 어떻게 해요?"
소심해질 때 다정한 오합지졸인 '우리' 착하고 순수한 멤버들이 응원해줬기에 나는 노래할 수 있었다.
그들이 조용히 내 마음을 두드려준 말들, 어깨를 펴고 한 걸음 앞으로 내딛게 해

그는 '새난쓰리(SENAN THREE)'란 이름의 밴드를 꾸려줬다.
나를 무대로 이끌었다.

준 긍정적이고 솔직한 충고들이 없었으면 나는 노래 부르지 않았을 것이다. 혼자서는 시작도 못 할 일이었다.

'절대로 할 수 없어'에서 '어쩌면 할 수 있을지도 몰라'까지 가기가 얼마나 힘들었는지, 내 마음이 어떤 길을 걷고 어떻게 변했는지 보여줄 수 있다면.

그걸 본다면 호진 씨는 깜짝 놀랄 것이다.

그는 좋은 선생님이어서 다른 학생들에게도 같은 동기부여를 하고 친절한 말을 건넨다. 그래서 자신의 말들이 어떤 작용을 하는지 잘 실감하지 못한다. 내가 "호진 씨 아니었으면 평생 노래만 만들었지, 절대 부르진 않았을걸요" 하고 말할 때마다 쑥스러워한다. 그리고 이렇게 농담한다.
"난슬 씨, 그런 말은 난슬 씨가…… 성공이라도 한 뒤에 해야죠. 지금 하면 뭐해. 흐흐."

밴드 새난쓰리는 다섯 번의 공연을 끝으로 해체됐지만, 나는 아직도 그들과의 추억을 소중히 간직하고 있다. 서로를 천천히 알아가며 친구가 되고, 다 함께 모여 수다를 떨고, 사소한 일상을 공유하며 만든 우리의 음악.

약속된 것 없는 미래, 잔잔한 매일이 되풀이될 뿐이지만
가파른 길도 함께라면 잘 오를 수 있을 것 같았던 때의 멜로디.

오르막길

밤의 계단에 앉아서 사소한 일상에 건배했지
낡은 책상에 엎드려 조용한 꿈들을 안아줬지
오르막길을 달려간다 오르막길을 달려간다

낯선 골목을 떠돌다 잊었던 친구와 마주쳤지
안녕 어떻게 지냈어 고개만 젓다가 헤어졌지
오르막길을 달려간다 오르막길을 달려간다
숨 가쁜 매일이 흘러간다

맑은 새벽에 일어나 너의 고백에 답장했지
깊은 욕조에 잠겨서 지나간 애인들 떠올렸지
오르막길을 달려간다 오르막길을 달려간다

마른 우산을 접으며 너의 얼굴을 바라봤지
옛날 일기를 덮으며 내일 하루를 예감했지
오르막길을 달려간다 오르막길을 달려간다
너의 손 잡고서 함께 간다

> 붙이는 글
> **딸에게**

나는 내 딸을 잘 모른다.

늦은 밤, 이른 새벽까지 함께 이야기를 나누다 보면 '아, 얘가 이런 '아이'였구나. 그걸 제대로 이해하지 못했다니……' 하다가 얼마 뒤 또 다른 긴 대화를 하고 나면 또 다른 '슬이'를 만나게 되었다. 오랫동안 때때로의 하룻밤씩 우리가 길게 나눈 대화들은 그의 관심사나 고민의 고작 작은 한 부분이었을 뿐, 전체를 이해하기 힘든 존재로서의 '딸'을 확인하는 내용들이었다.

그러나 나는 "그래도 난 누구보다도 내 딸을 잘 안다. 잘 이해한다"라고 생각했다. 얼마 전까지는.

스무 살 전부터 우리와 따로 살았고, 그 10여 년이 훨씬 지나서 그는 또 다른 사람으로 우리와 함께 살게 되었다. 벌써 1년여. 거기에 이혼이라는 상처를 안고서 별로 돌아오고 싶지 않았던 친정으로 어린 딸을 안고 들어온 그는 더욱 복잡한 '여자'였다. 복잡해서 버거운 나보다 더욱 복잡한.

그런데 아무도 예상하거나 준비하지 못한 이런 낯선 상황에서의 동거는 더 많은 부녀의 대화를 끌어냈고, 그 시련 속에서 더 날카롭고 솔직하고 대담한 그의 언어들은 서서히 나를 바꿔놓기 시작했다. 여전하던 내 얼마간의 계몽적 자세는 서서히 무너졌고, 아버지와 딸이 아닌 '인간'의 대화로 바뀌기 시작했던 것이다. 비로소.

남과 여, 인간과 세계에 관한 선예(鮮銳)한 자기의식과 억압당할 수 없는 의지와 욕망, 그에 관한 거침없는 논리와 진술. 나를 닮았으되 때론 나와 너무나 다르다고 생각했던 것들을, 역시 나와 너무 닮았으되 나보다 거짓 없고 더 정의로운 것임을 아프게 깨달아야 했다. 일상에서의 크고 작은 남성적 보수성에서부터 하물며, 저간의 내 도그마적인 이념 편향이나 결벽적 이상주의까지도 그의 비판대 위에 올려놓고 달게(아니, 힘들게) 비판받아야 했다. 때로 신음 소리도 없지 않았으나 크게 변명하지 않았다.

"子吾之大師, 딸은 나의 큰 스승."
우리 모녀가 책상 마주 보고 함께 쓰는 작업실 벽에 내가 써 붙인 글이다.
물론 그가 다 옳지는 않을 것이다. 그러나 그건, 내가 다 옳지 않은 것과 매한가지. 그는 결코 성품이 온순하지만은 않다. 그것도 또한 나와 매한가지. 그는 아직 충분히 성숙되지 않았다. 그것 또한 나와 무엇이 다른가.
그러나 내가 그를 스승으로 모셔야 할 이유가 있다.
그는 나보다 열려 있다. 솔직하고 공정하다. 나보다 더 많은 것을 꿈꾼다.
우리 둘의 기질적 유사성은 우리를 어쩔 수 없는 부녀로 만들었지만,

나는 그를 통해 사람과 세상과 여성을 보는 새로운 인식의 세계로 인도되어야 할 전 시대의 유물이었다. 이 깨달음이 그가, 눈 맞춰주는 것도 황송하기만 한 우리 손녀와 함께 내게 준 특별 선물이었다.

그러면 이제 그를 제대로 이해하게 된 걸까?
나는 아직 그를 제대로 이해한다고 말하지 못한다. 그의 절망과 분노와 우울을, 그의 섬세한 상념과 의심 없는 직관과 대담한 언술을 제대로 이해한다고 말하기 어렵다. 하지만 이제 나는 그를 신뢰하고 지지한다. 나의 선생님이니까.

나는 아직 내 딸을 잘 모르고, 이 책을 읽으면 조금 더 알게 될 것이다. 그러나 또 그다음 이야기를 들어야 조금 더 알게 될 것이다. 우리는 평생을 이렇게 갈 것이다. 조금씩 더 알면서, 이해하면서…….
그리고 나는 딸도 나를 잘 모른다, 라고 말하지 않는다. 정새난슬은 내게 매력적인 딸이고, 그것이면 충분하니까.

그는 에세이를 쓰고, 시를 쓰고, 그림을 그리고, 노래를 만들고 부른다.
때로 불안하고 아슬아슬하기도 하지만, 사람과 세계에 관한 그의 특별한 조감과 표현법, 그것으로 만들어지는 그만의 독특한 예술적 아우라……. 그것들도 나는 사랑한다.

아버지 정태춘